マドンナメイト文庫

私の性体験手記 姉への悪戯

サンケイスポーツ文化報道部

目次

編集協力　松村由貴（株式会社大航海）

私の性体験手記 姉への悪戯

サンスポ・性ノンフィクション大賞とは?

「性にまつわる生々しい体験をつづった未発表の手記」を対象として、二〇〇〇年にサンケイスポーツ主催で創設された。応募期間は毎年五月〜九月。金賞一〇〇万円、銀賞二〇万円、銅賞五万円、特別賞三万円、佳作二万円、また入選手記はサンケイスポーツ紙上に掲載される。選考委員は睦月影郎、蒼井凜花、松村由貴、サンケイスポーツ文化報道部長。

肉欲のリフォーム

東京都・タクシー運転手・五十八歳・男性

いまから三十年ほど前、インテリアの会社に勤めていた私は、とある邸宅の改装工事で、ひとりの人妻と出会った。

そこは都内でも有数の高級住宅街。病気で寝たきりのご主人に代わり、夫人が施主になっていた。ご主人の部屋は二階にあり、昼間は通いの家政婦さんが来て、介護をしているという家庭だった。

私は夫人の名前が麗子《れいこ》だということを、得意先からの指示書で知っていた。

麗子さんは四十代はじめくらい。スレンダーで見た目はよかったが、性格のきつそうな目つきの女性だった。そのうえ、いつも黒っぽい服を着ているので、さながら童話に出てくる悪い魔女といった雰囲気があった。

事実、初対面のあいさつのときから、フンと鼻を鳴らし、

「丁寧にやってよ。気に入らなければ、何度でもやりなおしさせるからね」

と、高飛車な態度なので、現場監督たちからの評判もよくなかった。

「あの女ギツネ、欲求不満でイライラしてんだろう」

ほかの職人たちも、休憩のときなど陰口をたたいていた。夫婦の間に子供はおらず、ご主人が寝たきりなので、気の毒な面もあったのだが……。

結局五日かけて、玄関、居間、水まわりの天井、壁と床をしあげたのだが、施工中も視察に来ては、

「絨毯《じゅうたん》の継ぎ目が目立つ」

「壁紙の切り口が雑だ」

などと文句をつけられ、工事が終了したあとも、現場監督を介して再三クレームが入った。

はじめは、そのたびに立ち会ってくれていた現場監督もさじを投げ、

「ひとつ、うまく頼むよ」

と、途中からは私ひとりで対応する羽目になってしまった。

そして、二週間あまりがすぎたころ、高級感がないという理由で、水まわりのリノリウムをストーンタイルに貼りかえに行ったとき、事件は起きた。

私が洗面所の床を張っていると、とつぜん麗子さんがやってきて、接着剤を踏み、転んでしまったのだ。

「あっ」

叫び声にふり返ると、麗子さんが片足を宙に上げて尻餅《しりもち》をつき、艶のあるブルーのパンティーを、思いきりこちらにさらしているではないか。

（おおっ）

目の前の絶景に、私は心で快哉《かいさい》を叫び、ナマ足のデルタゾーンに釘《くぎ》づけになった。

「主人が入浴中だから二階に来たのに、洗面所が使えないなら前もって言ってくれなきゃ困るじゃないの」

麗子さんは怒鳴って、気持ち悪そうにスリッパを脱ぐ。洗面所の奥にあるトイレに、用を足しに来たらしい。

「すみません。すぐ使えるようにします」

私が謝ると、麗子さんも自分のバツの悪い立場に気づいたらしく、しまった、という表情になった。

「でも接着剤が乾いてしまうので、作業は続けたいのですが」

場ははずせないむねを説明しつつ、四、五枚のタイルを敷いてやる。

麗子さんは返事もせずに、汚れ防止のために敷いてあげたタイルの上を歩いてトイレに入ると、バタンと戸を閉めた。

すると今度は、中での様子がドア下のステンレスの枠にうっすらと映っている。

私はそのドア下のステンレスの枠を凝視し、用を足す場面を想像した。

(あっ、いまあのブルーのパンティーを下ろして便座に座ったな)

作業の手を止め、耳を澄ます。小用の音は、水を流す音にかき消された。しばらくすると、ペーパーのロールがまわって、二度目の水洗音が聞こえ、私は作業を再開した。そしてドアが開き、廊下に出てくる麗子さんの足下を視界の端でうかがった。

この出来事があってから、私の中の麗子さんが変わった。それまでは正直、こんなヒステリックなヤツはタダでもいやだと思っていたのが、急に女として意識し出したのだ。

あの宙に開いたナマ足の奥に咲いていたブルーの花。それが下ろされてほとばしったであろう黄金水の情景が、脳裏に浮かんだまま離れなくなってしまった。

（ご主人は寝たきりの病人だから、毎晩、あの熟れた女体をひとりで慰めているのかなぁ）

そんなことを考えながら、大理石調のタイルを貼りつづけた。

片や、麗子さんにもこの一件を境に変化が生じた。

器具類がついたままの施工なので手間取り、作業が終わったのは午後六時すぎ。家政婦さんは五時で帰っていたので、麗子さん自ら、コーヒーをいれてくれた。

居間のテーブルに向かい合って座ると、以前は射るようだったまなざしがきまり悪そうに泳いで、別の人を見るようだった。

少しばかりの恥ずかしい体験が、固く閉ざされていた麗子さんの心に、風穴を開けたのかもしれない。それをいいことに、私は胸もとをくっきり見せている麗子さんの黒いセーターに見とれていた。

「これであらかたおしまいね。うるさい女と縁が切れて、ほっとしたでしょう」

「高い料金をいただいているのですから、厳しくてとうぜんです。むしろ、いい勉強になりました」

私がそう返すと、麗子さんははじめて笑顔を見せた。私よりひとまわりくらい年上なのだろうが、笑うととてもチャーミングだと思った。

「そう言ってくれてうれしいわ。主人のことは聞いているでしょうが、脳出血の後遺症で、この五年間、会話もままならないの。話しかけても、ああ、とか、うう、とし か返ってこない。二十三歳も年が違うから、周囲からは、財産めあてで後妻に入った、なんて陰口たたかれるし……気がついたら、自分でもいやな女だと思うほどになってたわ」

「そうだったんですか」

麗子さんは、弱々しい目をこちらに向けた。

「ありがとう」

「いえ、こちらこそ失礼しました」

「まあ、私ももともとこんな気性だし、まったく財産に心を動かされなかったといえば嘘になるけど、人の幸せなんて、お金じゃないのよ。ところで、あなたはまだ、独身？」

「ええ。今年三十歳になるのですが、まったく予定はありません」

「若いのねぇ。ひとりのうちに、たくさんやりたいことをやっておきなさい。結婚すれば、大なり小なり、そうはいかなくなるから」

出会った最初の印象が否定的なものであると、あとはなにかのきっかけで加点されていくのだろう。麗子さんの好感度は限りなくゼロに近いものだったから、どんどんプラスへと転じていった。

「あなたとはやっと気心が知れたのに、これでお別れとは寂しいわね」

「そうですね。でもこれ以上クレームがつくと、会社での僕の立場がなくなります」

「ごめんなさいね。そうだわ。追加注文なら問題ないでしょ。ゲストルームのカーテンを新調しようと思うの。主人が倒れてからは来客もめったにないし、私がときどき使ったりしてるの。こっちよ」

麗子さんは急いで立ちあがり、私を促した。私はコーヒーの残りを一気に飲みほし、あとに続く。

一階廊下の突きあたりのドアを開くと、八畳程度のツインルームだった。右手の庭に面した窓にレースのカーテンがかかっていて、両側には臙脂色《えんじいろ》のベルベットが束ねてある。

「両方とも採寸していって。似たものなら、多少色が違ってもかまわないわ」

私はポケットから巻き尺を出し、窓とベッドの隙間に入った。

「丈は、いまと同じでよろしいですか」

「そうねえ……裾から光が漏れないように、あと五センチくらい長いほうがいいかしら。それと……」

「赤系でも何色かあるので、見本帳を取ってきます」

麗子さんがなにか言いかけたのに、私はそれを勝手に遮って、車に見本帳を取りに行こうとした。

麗子さんは麗子さんで、カーテンを束ねる金具の位置を少し下げたいと思っていて、その位置を私に示そうと、ベッドと窓の隙間に入りこんできた。

ふたりは狭い隙間で鉢合わせして、驚いて苦笑いを交わした。それでも、麗子さんが退く気配を見せないので、ふと淡い期待を抱いた。しかし、仮に男日照りではあっても、相手は気位の高い大人の女性だ。

「ちょっと失礼します」

私は窓に張りつく格好で、すり抜けようとした。麗子さんもはっと気づいたようで、ベッドにもたれてのけぞるようにしてくれた。

それでも人ひとり通るのがやっとのスペースなので、どうしても体と体が密着する。

私の背中には、体の凹凸が伝わってくる。

(おおっ、久々の、まさしく生身の女の温もりじゃ……)

彼女のいない私は、全神経を背中に集中させた。

わが分身は半勃《だ》ち状態になり、生唾を飲みこんだ。そのとき、

「あ、うーん」

かすかなため息が漏れ、ありえないと思っていたことが起こった。

麗子さんの手が、うしろから私の体にまわされた。

(ええっ、マジで?)

そのうえ、背中に頰を寄せてきた。

「……お、奥さん」

「なにも……言わないで」

麗子さんは小さな声で答えたが、語尾の強さに決意のほどがうかがえた。

(それなら、こっちだって望むところだ。会社に知られたってかまうものか)

私も覚悟を決め、ふり向きざまにお客である人妻を、ベッドの上に押し倒した。首すじに顔を埋《うず》め、キスの雨を降らせる。

「ああ……」

麗子さんはいちだんと甘やかなあえぎ声を漏らす。

そして、唇を重ねてゆく。欲望の処理に不自由する者どうしのキスは、のっけから激しい舌のからませ合いとなった。

「ううっ、むうぅ」

麗子さんは口をふさがれながらも、私の作業着のTシャツを脱がそうとする。

私も麗子さんのセーターをまくりあげ、二輪のバラに似たブラジャーを剝ぎとった。すると、明かりがついたままの部屋に、白く美しい乳房があらわになった。片手でおわん状のふくらみを包んだとき、ツンととがった頂《いただき》が手のひらにくすぐったかったのを覚えている。

(やわらかい)

そこは十分に若さを保っていて、弾力に富んでいた。舌でも味わいたくなり、もう片方に吸いつく。そうしながらも、お互いに上半身は裸になった。

乳房を貪っていると、腹部に麗子さんの股間の熱気を感じた。タイトスカートを脱がせ、右手を下半身にはわせる。あの、シルクのパンティー越しに、陰部をまさぐる。

「イヤン、そんなとこぉ」

そこは火照り、溶けきっていた。布地の上からでも、ねっとりとした愛の蜜が指先につく。

私は矢も楯もたまらず、パンティーの中に手を挿し入れた。

「そんなとこ、ダメッ」

その瞬間、麗子さんは身をよじってあらがうそぶりを見せたが、私を求めるときの力に比べれば、弱々しいものだった。

「やさしくするから、いい子にしてて」

耳もとにささやき、草むらを越えて人さし指と薬指で陰門を開き、中指で内側の壁を擦《こす》る。

観念したのか、麗子さんはすっかりおとなしくなった。

続けざまにクリトリスをこね、彼女のプライドの残り火を完全に消しにかかる。

「ううっ」

ビクッ、ビクンと、そのたびに全身がわななき、みるみるうちに女の性《さが》が肉体を支配していくようだった。

「いいわ。すぐにでもイケそう」

このころにはふたりの立場は逆転して、主導権は私が握っていた。

肩書も年齢も関係なく、私たちはたんにひと組の男と女だった。

次にパンティーを脱がそうとすると、明かりを落として、と頼まれた。私はドア近くまで照明を弱めに行き、衣類をぜんぶ脱いでからベッドに戻った。

麗子さんの脚の間に割って入り、あらためてパンティーを脱がす。

「ウフフ……恥ずかしい」

「とってもきれいです」

ベッドに重なって、微笑《ほほえ》みを交わす。

薄明かりの中で、麗子さんの裸身は、いっそう白く浮かびあがった。その白さはただ美しいだけではなく、童話の中でいつも黒装束で悪役に徹している悲しさのぶんだけ、まぶしく映った。

膝に軽く口づけし、内股に舌先をはわせて股間へ向かう。

「ん、なに。舐《な》めるの？」

「リラックスして」

「こうされるの、はじめてよ」

脚をひろげると、ほのかに蒸された蜜の香りがした。親指で陰門をめくる。弱い明かりの中でも、そこがピンク色なのが見て取れ、まるで十代の少女のようだ。

「あまり、見ないで」

「暗いか、大丈夫」

麗子さんをなだめてから、私はクンニリングスを開始した。

裂け目にそって舌を行き来させ、熱い蜜をすくう。半分は飲み、半分は上部の浅瀬に集めるようにして。

「ううっ……もおぅ」

嗚咽《おえつ》を漏らし、麗子さんは中指の背を口に咥《くわ》えた。

私は徐々に標的を、濡れそぼるクリトリスだけに絞る。

「そこ、いやあ……」

目覚めかけの女体は激しく反応し、私の両腕にもそのわななきが伝わってくる。

舌という堤防を失った愛の蜜は、滔々《とうとう》と流れ出て、蟻《あり》の門渡《とわた》りやその下の菊門まで光らせる。私はすっかりこの女性をいとおしく思っていたので、ときおりそこも舐めてやる。すると、唐突に麗子さんが、

「私もしてあげたい」

と言ったので、私は愛撫《あいぶ》を中断させ、体を反転させて麗子さんの顔の上にまたがった。シックスナインの体勢になったのだ。

「どうすれば、いいの……？」

「全体を、やさしく舐めて」

私が答えると、麗子さんはこわごわとペニスを手に取り、しゃぶりはじめた。オーラルセックスははじめてだと聞き、私はとても誇らしかった。

麗子さんは胴体部分に手を添え、たどたどしく亀頭を舐めている。

「どうかしら」

「すごく上手だよ。あと、茎や玉のほうも」

「こんなふうに？」

「そう。それで頃合を見て、頰張ってしごいて。そっとね」

甘美な感覚に身を委ね、私もクンニを再開する。それはお互いの心の傷を、子猫どうしが舐め合っているようだと感じた。

感度が増すに連れ、あいさつ程度の舐め合いが、激しくなっていく。私が秘豆の包皮をめくって、舌先のピッチを速めれば、わが分身も彼女の口の中に収まって、強くしごかれ出した。

そして麗子さんは、途中でいっさいの行為を放棄して、受け身に専念してしまった。

「……か、感じるっ、感じちゃうぅ」

自由になった口で叫ぶと、上体を弓なりに反らせた。

あまりの大声に、二階にいるご主人に聞こえるのではと心配したが、どうにでもなれと開きなおった。

「責めてぇ、もっとぉ、もっと」

もはや麗子さんは一匹のメスと化し、続けざまに歓喜の咆哮《ほうこう》をあげる。私も、飢えた野獣のオスになっていた。秘豆が引っぱられ、真空の中で震える。それを舌先で縦横無尽にいたぶり、蜜ごと吸いあげる。

くり返し、何度も何度も。

麗子さんは手にした私の分身を握りしめ、狂ったように枕の上で頭をふる。

「我慢できないわっ。お願い、早くっ……早く来てぇ」

涙ながらに訴え、欲しいというモノを勢いよくしごいた。

(マズい。このままじゃ、こっちが先にイカされちまう)

私は体をもとの位置に戻し、ひざまずいてわが分身を愛の蜜があふれる穴へ埋めていく。麗子さんも私の腰に脚をからませ、引きよせてくれた。

「ああ……うぅ」

根元まで入れ終わると、麗子さんはかすかにうめいて顔をそむけた。その横顔を見ながら、ゆっくり動きはじめる。

「そうよ、いいわぁ」

つい昨日までは、とげとげしい間柄であったはずのふたりが、結合を果たして久しぶりの悦楽に酔いしれている。お互いに立場も環境もかけ離れているが、私たちには肉欲を鎮める相手がいないという共通項があったのだ。

「もっとぉ、もっとぉ、突いてぇ」

さらなる上昇を望む麗子さんのまぶたが、ピクピクと痙攣《けいれん》している。私も夢見心地でピストン運動をくり返す。

「はうぅ……き、気持ちぃいっ」

そしていよいよ、終局が迫る。

「も、もうダメッ」

「俺も出るっ」

寸前で分身を抜き、麗子さんの腹部に大量の精液を噴出した。燃えつきた私はベッドに両肘をついて、麗子さんの上にもたれた。

ティッシュで後始末をしてやり、はじまりのキスのときのように、首すじに顔を埋め、息を整える。私の背中を、麗子さんはずっと抱いていてくれた。

「よかったわぁ」

しばらくして、私は耳もとで熱くささやかれ、上体を起こした。そこには、魔女とはほど遠い、温かなまなざしの笑顔があった。

「洗面所であなたに下着を見られて、忘れていた感覚に火がついちゃったわ。見たんでしょ？」

「まあ。だから、俺のほうこそムラムラしてたんだ。最高だったよ」

すっかりタメ口になり、乳房に頬を当て、姉のような存在になった麗子さんに甘えた。

「なんだか、遠い昔の初体験を思い出しちゃったわ」

「その初体験の相手って、どんな人だったの？」

「私が十六歳、大学一年のとき。憧れていたテニスサークルの先輩と……今日は本当に久々だったので、二度目の初体験って感じ」

「処女膜も張りかえておいたから、麗子さんはまたバージンに戻ったよ」

「アハハ。それなら肉体のリフォームね」

そのあとも、私たちは抱き合ったままで会話を続けた。

「ね、なぜこの部屋のカーテンをベルベットにしたんだと思う？」

「そりゃ、客人をもてなすために高級品を選んだんでしょ」

「以前は別の生地だったの。理由はね、私がベルベットで性に目覚めたからなのよ。特別な思い入れがあるの」

「ベルベットで性に……？」

「あれは小五のときだったわ。ひとり娘だった私が留守番をしていて、いたずらにパンツを脱いでソファの肘かけにまたがったら、得も言われぬ快感に見舞われたの。その素材がベルベットだったってわけ」

「つまり、オナニーを覚えたと……たしかに肌ざわりがいいものね」

私は閉まっているカーテンを一瞥《いちべつ》した。

「でも、なかなかひとりで留守番するチャンスがなくて、ふだんは親の目を盗んで、タオルでしていたの。ねえ、この話をするのはあなたがはじめてなのよ。主人にすら言ってないし、気恥ずかしくてほかの部屋のカーテンは、意図的にベルベットを避けたくらいだから」

「それは光栄だなあ。で、いまでもときどき、これを使ったりするの？」

「ん、もう、ばか。カーテンが汚れるし、だいいち不潔でしょう。こうしてみているだけで十分だわ」

麗子さんの告白を聞くうち、私の分身はすっかり回復を遂げていた。

「もういちど、秘密を分け合いましょう。もういちど、もういちどだけ」

指先で私のペニスの勃起を確認し、自分に言い聞かせるかのようにつぶやくと、麗子さんは私の下腹部にまたがった。

そして、私たちは騎乗位で二回戦に挑んだのだ。

帰るときは午後十時をまわっていた。麗子さんは全裸にガウンだけという出で立《い》ちで、玄関先まで見送ってくれた。

一週間後、カーテンの納入日が来た。私はわざと、家政婦さんが帰る午後五時すぎに届けに行った。

「はい、これ、おみやげ」

私は三十センチ角に切ったベルベット生地を、まわりがほつれないようにかがって持っていった。麗子さんは大笑いしてくれた。

カーテンをつけかえたあと、ベッドで彼女を胸に抱き、ベルベットの端切れで秘部をこすってあげると、喜んでくれた。

けれども、その日を最後に音信がとだえ、関係は消滅してしまった。

しょせんは住むところの違うふたり……。

つかの間のはかないつき合いではあったが、私が若き日に出会った思い出の女性は、魔女どころか、とてもすてきな女神だったのである。

洲本海水浴場

大阪府・無職・八十一歳・男性

まだ猛暑が続いている八月下旬、大阪で学生生活を送っていた僕は退屈で、部屋でラジオを聴いていた。

すると電話のベルが鳴った。高校の同級生の健太《けんた》からだ。

「おい、圭介《けいすけ》、元気か。海水浴に行かないか。宮《みや》ちゃんから誘いがあったんだ」

「行くよ、近くの洲本《すもと》(兵庫県淡路島)ぐらいなら」

「でも、女がいないが、いいんか」

「海に行けば、なんぼでもいるやろ」

「そうや。洲本で若い女、見つけようや」

健太の話し方は、高校時代のままだ。行く日は八月二十日と決まった。クラゲが出没しようが、美人の女性と知り合えるなら、そんなことは問題ない。

女性のふくらんだ股間を眺めながら、砂漠で寝ころぶ自分を思い浮かべていた。

約束の日、大阪の深日港《ふけこう》からフェリーに乗りこんだ。洲本に着き、予約していたバンガローで着がえ、砂浜に出た。

目的は若い女性の三人組だ。

「おい、いたぞ、若い三人が」

宮ちゃんが叫んだ。派手なアロハにミニスカート。首にバスタオルを巻き、麦わら帽をかぶった三人の女性がボート乗場で、係のおじさんと交渉している。

「俺が誘ってくる」

宮ちゃんが駆け出した。

「ボートに乗りませんか。僕たちも三人です」

彼女たちは顔を見合わせている。

「私たちもいま、相談していたところです」

「おおい、先に乗るぞ」

宮ちゃんは好みの女性がいたのか、ひとりの女性とボートに乗りこんだ。健太もまたペアで続いた。色白で男好きのしそうな女性がひとり残った。

（ああ、よかった。僕の好みの女性や）

ボートに乗って自己紹介した。

「圭介といいます」

「恵美《えみ》です」

「僕たち三人は高校の同級生で、大学二年生の二十歳です」

「えっ、私たち三人もまったくいっしょで、二十歳です。大阪の百貨店の化粧品売場で働いています」

「僕たちも大阪から。こんな偶然て、あるんやね」

「そうですね」

笑った表情が大人っぽく、男経験の豊富さを感じさせた。ボートが動きはじめると、対面なので恵美さんの短いスカートの奥が気になった。アロハの下で揺れる乳房にも視線が奪われる。

「漕《こ》いでみたいでしょう」

「やってみたいわ」

立ちあがって入れかわろうとしたとき、ボートが傾き、彼女は僕にしがみついてきた。

やわらかくて温かい。女の体はこんなにやわらかいのかと、強めに抱いてみた。気持ちがいい。若い女の匂いがする。

体がうずいた。なんとかバランスをとり、場所を交代。オールを漕ぐ彼女の股の奥に朝日が射《さ》しこみ、白い小さな布が張りついているのが見えた。

（今晩が楽しみや。この体を抱きたい）

僕とペアでボートに乗った恵美さん以外の女性が、ボートを降りて自己紹介した。

「私は敬子《けいこ》。美和《みわ》です」

泊まるのも同じバンガローで、部屋も偶然隣だった。

着がえをし、女性三人は散策に出かけ、僕たち男三人も温泉街をブラブラすることにした。

「兄ちゃん、ヌードショーどうや。いいもの見せるよ。本番もあるよ」

呼びこみの男の声に、思わず立ち止まった。

「学生さんか。安くしとくよ。学割で三百円。さあ、入って」

僕たちはまだ、女性のアソコを見たことがない。顔を見合わせたすえに小屋の中に入った。

薄暗い。空いていたいちばん前の席に陣取った。舞台には布団が敷いてあり、五十歳くらいの女が首だけ出して寝ている。

ブザーが鳴り、三十歳くらいの男が現れ、布団をめくった。ネグリジェ姿の女が目を開き、身を乗り出している僕たちに気づいて、にっこり笑った。

「本番がはじまります」

と、マイクががなりたてる。

男は女を自分のほうに引きよせた。女は僕たちにしっかり見ろというように大きく股をひろげた。

はじめて見た女性器。すごい形をしている。頭がかすんできた。男は女を抱きあげて、うつぶせにした。

尻の穴が見え、その向こうが割れている。湿って穴のまわりにも毛が生えている。

男は次に上向きにさせ、股をひろげさせて、僕たちの前に近づけてきた。目の前にワレメがぽっかりと開いている。ワレメの上に貝柱のようなものがくっついている。

「あれはなんやろ？」

宮ちゃんの独り言が聞こえる。男はよく見ておけ、という表情をしたあと、穴にイチモツを押しこんだ。二度、三度と突く。

突かれるたびに女は、

「うっ」

とうめいて頭を上下させる。男と女のからみ合う姿をはじめて見た。僕は生唾を飲みこんだ。男は女の乳を揉《も》みながら口を吸う。光に照らされた女の体が赤みを帯びてくる。

男は女の股に顔を埋《うず》めた。女は身をよじり、手足を動かす。男は吸いついたまま離さない。

「イクッ、イクッ」

女は体をのけ反らせて動かなくなった。

「どうしたんやろう」

宮ちゃんがまた独り言。男は立ちあがって、こちらを向いた。僕の二倍はありそうな黒い大きな陰棒がそびえ勃《た》っている。

「もっとイカせてやれ」

客席から声がかかった。男はうなずき、またも女の上にのしかかった。四回、五回と突く。女は気絶した。男は陰棒を引き抜き、チリ紙を手にして、女の陰部を拭いている。

僕たち三人はしばらく、その場を動けなかった。魂を抜かれたようなうつろな表情で、道中ひと言もしゃべらず、バンガローに戻った。

「すごかったなあ、あんなことするんか」

吐いた言葉は、宮ちゃんのそれだけだった。

男女の本番を思い浮かべながら、バンガローで寝ころんでいると、女性三人が帰ってきた。

「私たちの部屋に来ませんか。お酒もビールもありますよ」

男女三人ずつの六人が女性たちの畳の部屋に集まり、車座になった。自然とボートでペアになった者どうしが隣になり、僕の隣には恵美さんが座った。

いい塩梅《あんばい》に酔いはじめたころ、美和ちゃんが、

「ひと部屋、足りないよ」

と言い出した。三組のペアとなると、たしかに足りない。察した宮ちゃんが走り出し、

「オッケー、三部屋にしてきた」

と、機嫌よく戻ってきた。

部屋の隅ではもう健太と敬子さんが、抱き合ってキスをはじめた。ふたりに気づいた恵美さんが、僕にもたれかかってきた。ボートで抱きかかえたときの匂いがして、下半身がうずいてきた。

彼女の唇を吸うと、すごい勢いで吸い返してくる。彼女の舌が僕の口の中を動きまわる。はじめて女性とキスをした。早く、早くと愚息がうずく。乳を揉むと、

「ウッ」

とうめいた。

「あんなことをしてるぞ」

うしろで宮ちゃんの声がした。六畳間で三組の男女が抱き合っている。

「部屋に行こう」

僕と恵美ちゃんが立ちあがった。

「ワキの毛と、Vラインの毛を剃《そ》ってもらいや」

敬子さんが笑いながら言っている。なんのことかと思いながら頭の中は、

(恵美さんとうまくできるやろか。処女だろうか?)

などと不安が先だった。

(ヌードショーの男のようにすればいいんや)

自分で開きなおりのような勇気を奮い立たせた。自分のそんな心の葛藤を知ってか知らずか、恵美さんは、

「男の人と泊まるのはじめてやわ」

と、うれしそうな顔をしている。バンガローに入ると、

「先にシャワーを浴びるね」

と言いながら、石鹸《せっけん》とカミソリとタオルを手にして風呂場に入った。まるい大きな尻が目に飛びこんできた。

あの白い尻、そしてボートで見たミニスカートの股にこれから触れるのだと思うだけで股間がパンパンだ。

(ああ、早くしたい……)

その思いが抑えられず、あわててパンツを脱ぎ、あとを追った。

「えっ、もう来たの。早いわ」

構わず、うしろから抱きすくめた。

「キャ、くすぐったい」

恵美さんが座りこんでしまった。

「毛を剃るの、あとにする？」

カミソリと石鹼を取りあげ、棚の上に置いた。恵美さんは勃った愚息をじっと見つめてから、体を押しつけてきた。

貪るように唇を吸い合い、シャワーの音だけが風呂場に響いている。乳を揉んでも、腹をなでても、尻を擦《こす》っても、温かくてやわらかい。

陰部に触れる。じっとりと湿っている。

（ここが女のワレメや）

もうがまんできない。彼女にのしかかり、下腹部を押しつけるが、うまく入らない。

左手で、お尻を持ちあげ、右手で愚息をつかんで股間の中心部に押しあてると、ズボッと入った。

ぬるっとして温かい。さらに腰を押し入れ、二度、三度と突いた。

（うわぁ、気持ちいい、最高）

と思った瞬間、全身に電流が走ったようになり、体が硬直した。恵美さんも僕の首に手をまわし、両足を腰でからめている。

（感じてるんだ）

と思っていたら、恵美さんが立ちあがり、

「この続きはベッドでしましょう」

しかし、僕は足がもつれてなかなか立てなかった。やっとベッドに移動して抱き合うと、恵美さんが体の上に乗っかかってきた。

口の中で恵美さんの舌が動きまわる。愚息がいちだんと硬直してきたのがわかる。

「ほかのところも吸って」

うわごとのように言う。ピンと立った乳首を吸うと、

「もう少し、ゆるく……」

舌でやさしくペロペロしてやると、

「イイッ」

全身を硬直させて、動かなくなった。

（死んだ……）

思わず、恵美さんの体から離れた。呼吸している。また吸いつき、左の乳房を揉みながら右の乳首を吸うと、体をくねらせる。

そのしぐさに肉洞で発射を待っていた愚息も限界に達し、

「あっ、出るっ」

声を発した瞬間、マグマが飛び散っていった。

「はじめて？」

「うん、はじめてや」

「うわ、童貞だったの。めちゃ、うれしいわ。私、男にしてあげたのよね」

恵美さんは喜んでいる。抱き合ったままなので、下半身がヒクヒクする。

「あらっ、また勃ってきた」

恵美さんがイチモツを握った。

たまらず恵美さんの上に重なった。今度はすぐには果てない気がする。突いて突いて、ガムシャラに突く。感度が少し鈍い。

恵美さんの目がうつろに宙をさまよっている。快感が、とつぜん襲ってきた。恵美さんも、

「イクッ」

と叫び、果てたようだ。抱き合ったまま眠りに落ちた。夜明け前に目が覚めると、隣で恵美さんが眠っている。ワレメを伝って精液が流れ出している。指を挿《い》れても気づかない。

眠った恵美さんに愚息を突っこみ、また果ててしまったが、まだ起きない。深い眠りから覚めると、隣に恵美さんがいない。部屋が片づけられている。

散歩だろうと思いながら、また眠った。健太からの電話で目が覚めた。

「おい、圭介、敬子さんがいないんだ。そちらに行ってないか」

「俺も恵美さんを探しているんだ。まさか三人で帰ったんじゃないだろうな」

「美和ちゃんもいないらしい。帰りに手紙を置いていったらしい」

——ありがとう。この次を楽しみにします。

という内容だった。

食堂に行って、彼女らの様子をおばさんに聞くと、

「朝早く、帰りましたよ」

と笑っている。

時計は午前十一時を指している。目のふちにくまを作った男三人が、三人の娘に食い散らされたような顔をして、ぼんやりと海を眺めるしかなかった。

宮ちゃんは、

「すごかったなあ」

自分を納得させるように言っている。

「あの女性たち、男としたくて海に来たんやろうか」

健太が言った。僕も、

「そうかもな。俺もそんな気がする」

と追従した。

「結婚すれば、あんなこと毎晩するのやろか」

健太が力なく言っている。僕たち三人はうなだれ、あとはものを言う元気もなかった。しばらくほうけたあと、引きあげることにした。

大阪のターミナルに着くと、女性三人が勤める百貨店が見えた。誰も立ちよろうとは言わない。

夏休みが終わり、九月に入った。あの日以来、恵美さんから連絡がない。何回も化粧品売場の近くまで行くが、顔を出す勇気がない。美和ちゃんと敬子さんの姿を見かけるが、恵美さんの姿は確認できない。

思いきって声をかけようと決心した。

「あら」

美和ちゃんが近づいてくれた。

「連絡なかったの。恵美さん、辞めたのよ」

小声でささやいた。

「えっ？」

「お見合いするといって、宮崎に帰ったのよ」

「…………」

「もし、圭介さんが訪ねてきたら、これ渡してと封筒を預かってるの」

手紙を受けとり、急いで外に出た。胸をときめかせながら、近くの公園で封を切った。

――先日は楽しかったです。ありがとう。とつぜんですが、宮崎に帰ります。お見合いがありますので。一カ月後に戻ります。十二月十日の二時に、百貨店前の喫茶コロンバンに来てください。お話はそのときに……。

待つしかなかった。

当日、約束のコロンバンで待っていると、彼女が笑顔で入ってきた。

「お元気？　懐かしいわ」

不安が吹っ飛んだ。

「心配したよ。どうしたの？」

「ごめんね……これから、すべてを話すわね」

言いよどみながら、

「実はアタシ、パパがいるの。大阪本町の製薬会社の社長で六十五歳。月に二回、私の部屋に来るの。お手当は月に二十万円。少し変態だけど、がまんしてるの」

恵美さんはここまでいうと、目をつむった。しばし沈黙のあと、意外なことを切り出した。

そのパパは大阪本町《ほんまち》の製薬会社の社長で、変態だという。もうがまんの限界だったのだろうか。恵美さんは意外なことを口にした。

「パパと別れて、圭ちゃんと楽しみたいの」

「えっ、僕と。うれしいけど、学生だし、お金もないし……」

一瞬、ひるんだ。あまりの衝撃に頭が混乱するだけだった。思えば、海水浴場で敬子さんにワキ毛を剃るように注意されたのも、パパの趣味だったのだ。でも、そんなパパと手を切ってまでと望む、彼女のせつなる希望に添ってみようという気にもなっていた。

ふたりは言葉を交わす時間も惜しく、ホテルに向かった。久しぶりの恵美さんは、動物のようにうめき、叫びつづけた。

「パパに教えられて、こんなになってしまったの」

そのパパは十本入りのピースの箱をいつも持参し、恵美さんが一回イクたびに一本取り出して枕もとに置き、箱がなくなると攻守を交代する取り決めだった。

「パパの前戯の仕方を言うわね。私を裸にして長いキスからはじめるの。耳を舐《な》めて、嚙《か》むのよ。耳もとでみだらなことを言って、耳の穴に息を吹きかける。それで私は一気に失神。次に両手で乳を揉んで、舌で転がすの。最高よ。意識が戻ると、うつぶせにさせられて、背中をなでまわして責められるの。もう失神の連続だわ」

恵美さんは、僕にその性技を伝授したいと思っているのだろう。よどみなく続ける。

「上向きに寝かされて、下腹部に顔を埋めて、穴に舌を入れたり指を入れたり、もうそのくり返し。クリトリスに吸いついて、何回も私のイクのを楽しんでいるわ。子宮の中に指を入れられてかきまわされるともうダメね。そこには特に感じるところがあるみたいで、圭ちゃんも今度探してみてね」

僕は彼女の話を聞いているだけで興奮、下半身はコチンコチンに勃起して、がまん汁があふれていた。心の奥では、六十五歳に負けてなるものか、という対抗心も芽生えている。

「私のお返しは、まずはお口でアソコの袋もタマタマちゃんも含みながら、手で棒を擦るの。すると、パパはすぐ昇天するわ。ものすごく楽ちんよ。いつもこのコース。もうひとつのコースがあるので、次に教えるわね。これからはパパに代わって圭ちゃんがサービスしてね。アタシ、もっともっと狂いたい」

恵美さんは、話を終えると僕の舌を激しく吸い、口にたまったツバを出してやると、ゴクンと飲んでしまった。

舌を抜き、耳に当てた。口が自由になり、大きな声で、

「ああ、いい。それがいい……」

声を張りあげ、足をバタバタさせている。

今日の恵美さんは、恐ろしくなるほど荒っぽく責めてくる。

下半身に顔を埋め、自分の股を僕の顔の上に乗せてくる。毛が頬に当たって痛い。

イチモツを咥《くわ》えた彼女の口が上下している。出そうになるが、がまんを続ける。

(これから会うたびに、こんなことができるんだ)

「噛んで」

恵美さんの声でわれに返った。耳を突き出してきたので、耳たぶを軽く噛むと、

「ギャッ」

と、意味がわからぬ声をあげて硬直した。エクスタシー寸前だったのだろう。

意識がないのを確かめ、耳に口を寄せ、

「オチ×コ、オマ×コ」

と、低い声で言うと、聞こえたのか、

「わっ」

と、両手を伸ばし、脚を突ったてた。耳に息を吹きかけつづけると、何回もしゃくりあげた。

体を持ちあげて、うつぶせにさせ、ツバをつけた手の中で、うしろから乳房を揉むと、

「イイッ」

と絶叫して、両手両足を伸ばしたまま、動かなくなった。

(いつも、彼にこんなことをされていたのだ)

陰毛をかき分けると、突起物が指に当たった。そっと指を穴に入れ、動かすと、たしかに絶叫するところがある。カズノコようにザラザラしている。カズノコばかりを責めつづけると、彼女は動かなくなってしまった。

穴に指を入れたままにしていると、穴の中がヒクヒクと動きはじめた。まるで貝が呼吸しているようだ。

穴の中の動きが小さくなり、やがて止まった。彼女が目を開ける。

「ああ、よかった。上手ね。今日はもうこれでいい。あとはこの次に……」

僕のがまんが限界に来ていた。大きくふくらんだ陰棒を彼女の口もとに近づけた。

彼女はそれをつかみ、口に含んだ。

「まだ射精したくない。ゆっくりにしてくれ」

叫びつづけるが、彼女は首を横にふり、やめようとしない。むしろ、速度を上げている。とうとうがまんしきれずに、

「もう、アカン」

と叫んで昇天した。精液が彼女の口の中に入るのがわかる。やわらかくなった陰棒を咥えてま放さない。くすぐったい。

「よかった?」

彼女の顔が目の前に来た。

「最高によかったよ」

「次はもっと気持ちよくさせてあげる」

恵美さんが笑って言う。彼女を見ると、どうしてもパパのことを想像してしまうが、どうしようもない。

会うたびにセックスしていると、恵美さんの乱れ方がいよいよ激しくなってくる。

もう宮ちゃんにも健太にも、恵美さんとのことを話せなくなった。

宮崎に帰って新しい生活をはじめる恵美さんの出発の日が来た。僕は新大阪《しんおおさか》駅のプラットホームに立っていた。

「お元気でね。また大阪に来たときは会ってね」

「さようなら……」

発車のベルが鳴る。僕は海水浴の日から今日までのことを思い浮かべて、ぼんやりとホームに立っている。

駅員さんが近づき、

「お客さん、危ないから少し下がってください」

そんな声も、乗客の姿も目に入らなくなっていた。

海辺のニンフ——千葉県・建設業・七十五歳・男性

その裸体が褒美であるわけはない。戒めなのか、それとも試練だったのか……。

一九六〇年（昭和三十五年）、十四歳の俺は、千葉県九十九里浜《くじゅうくりはま》にある母方の大伯父の家に七日間滞在した。

ある日の夕暮れ、まだ闇に包まれているわけではないけれど、夕日が軒に立てかけられたよしずに遮られ、さらに縁側のかもいに垂れ下がったすだれに勢いを弱められている、そんな時刻。

座敷には、蚊やりの煙がゆるやかに漂っていた。たまたま隣の座敷にいた俺は、逆光の中にふたつの全裸のシルエットを見た。

豊かでまるい肉体の母親と、若く大人になりきれない娘の姿。あたかも海辺のニンフ（妖精）が現れたのか、天女が舞い降りたのか、俺はただとまどい、気づかれぬように身を潜めた。

ふたりは、俺の母親の姉で四十歳の瑶子《ようこ》伯母と、その娘で十六歳になる菊子《きくこ》。俺より二日前に世田谷《せたがや》から来たという。

母子《おやこ》は歩いて十五分ほどの浜で遊び、湯浴みのあと、全裸で涼を取っていたのだ。

ずっとあとで知ったことだが、昭和三十年代からの房総半島の人々を撮りつづけた写真家、小関与四郎《こせきよしろう》に『九十九里浜』という作品がある。

そこには裸で労働するオッペシと呼ばれる女性たちや、夜明けの海辺でひと仕事を終え、焚《た》き火を囲んで裸体を乾かす女性群像が映し出され、その躍動感や生命力に感動したものだ。

だから、親族の家で裸で夕涼みをすることなど、瑶子伯母にとって自然な行動だったろうが、はじめてそんな光景に遭遇した俺は、ひたすら困ってどうしたらいいかわからなかった。傍らで、クロという年老いた猫が、いぶかしそうに俺を見ていた。

やがて、露地栽培の大きなスイカを抱えて大伯父夫婦が畑から帰ってきたので、俺の緊張はほどけた。

「楽させてもらってるよ」

瑶子伯母が嬉々《きき》として呼びかけた。

「あんとねぇよ」

と、大伯父は答えた。

なんともないさ、というような意味なのだが、相手を思いやり、こちらのことは気にしなくていいよという気分を、ゆるやかに伝えていた。

九十九里へのひとり旅は、まったく気乗りのしないものだった。白色の開襟シャツに黒ズボン。五分刈りの頭。カバンの中身は、わずかな着がえと往復交通費の入っただけの蝦蟇口《がまぐち》。そして、母親から大伯父に当てた手紙。俺の心はひしゃげていた。

これにはわけがあったのだ。

中学二年になったばかりの春、俺は同級生のサブを説き伏せて、俺の兄貴分が宝物にしていたオートバイを乗りまわし、巡回中のパトカーに追われるはめになった。俺は逃げきれず、無免許運転の罪で捕らえられた。

警察ではこってり絞られた。

「再三の停止指示に従わず、蛇行運転をくり返し、逃亡を図り……」

と、心証が悪い。

そして母親同行のもと、霞ケ関《かすみがせき》の家庭裁判所で審判となったのだ。

「父ちゃんが早死にしたから、こんなことになったんだ」

母親は、検事をも同情させる言葉をくり返した。

「いっしょに死のう」

母に迫られて、俺は無様に泣きじゃくった。母は自分ひとりではどうしようもなくて、大伯父に俺の矯正を頼ったのだろう。

大伯父は当時六十歳をすぎた元軍人で、戦後は中学教師を務めあげ、民生委員でもあった。はじめて会う大伯父を想像すると、厳格、規則、罰則、訓練、学習という悪夢のような単語が浮かんできた。

しかし、臆病者の取り越し苦労と言うべきか、大伯父の人となりも、まわりの風景も、もっとやさしく穏やかだった。

大伯父の家は、時代を経た黒塀の長屋門の奥にあった。門の横には松が枝を伸ばし、右手に漆喰《しっくい》の白壁の倉があった。門の脇に車が通れる幅二間《けん》ほどの通路が中庭に延びて、瓦ぶきの母屋に通じていた。

下町の貧乏育ちの俺にとっては、信じがたい別世界だった。大伯父の屋敷のある集落から、潮騒《しおさい》のささやきをたどって十五分ほど歩くと、松林を抜けた先に風が刻んだ砂紋の浜と、太平洋が現れるのだ。目に入るすべての景色が、俺にとって安らぎだった。

旧盆に入る前日。

「退屈しのぎにどうだヨ」

と、大伯父から薪《まき》割り仕事を頼まれた。薪はすべて、この家の五右衛門《ごえもん》風呂の燃料となるのだ。

直径六十センチほどの切り株でこしらえた台の上に薪材を置き、年輪の中心部をめがけて大鉈《おおなた》をふりあげて一気に打ち下ろす。コツは野球のバッティングに似て、ヘッドアップをしないように注意すること。

単純作業だが、運動不足は解消するし、飽きることがなかった。これなら、一日中やっていても平気だと思ったが、二、三時間すると、縁側から大伯父の声がした。

「そんだけやってくれりゃ、たくさんだサ。お茶にすべぇ」

大伯父の嫁の栄子《えいこ》さんは、湿らせた手ぬぐいを用意してくれた。

「やっぱり中学生ともなると、たいしたもんだ」

と、俺を持ちあげてくれた。

お茶を呼ばれるので、座敷に座ると、大伯父は俺の目の前に、母が大伯父に宛てた手紙をさし出した。

「おめえも読んでみろ」

それは、下手くそな字だが、万年筆で精いっぱい書いた、たしかに母の手紙だった。

——ほんとはいい息子なんです。私を案じてくれて、たまにはやさしい言葉もかけてくれます……。

俺はその先が読みたくても、目がかすんで読むことができなかった。隣にいた瑶子伯母によると、大伯父は俺の様子を見て、目頭を押さえていたという。

俺は大伯父に厳しくしつけられるのかと畏れていたが、案に相違して、やさしく癒やされたのだった。

この大伯父の家で瑶子伯母の娘、つまり従姉《いとこ》の菊子に会えるとは思わなかった。半年ぶりに会う「きいちゃん」だった。

菊子は俺より二歳年上で、すっかり姉さん気取りだったが、肩を並べるとはるかに小柄で、幼子のようでもあった。いっしょに海岸に出たときは、白いワンピースの裾を揺らして波と戯れ、無邪気にいつまでもはしゃいでいた。

俺たちの母親どうしは一男二女の家庭で育った姉妹で、仲がよかった。それぞれの出産時には互いの家庭を行き来して助け合ったというから、暮らし向きは異なるが、俺たち従姉弟《いとこ》どうしも同じゆりかごで育ったようなものだった。

だからなのか、俺は菊子の変化に気づいていた。幼く見える菊子の体から、女の匂いがした。決して潮風などではない、甘酸っぱい匂いが一瞬ほわんと俺を包み、俺は目を閉じた。

その日の晩のことだった。台所から女性どうしのひそひそ話が聞こえてきた。大叔母の栄子さんと、瑶子伯母の会話だった。

俺は身を硬くして耳だけ象のように大きくして会話を拾った。主語のない会話だったが、勘で理解した。

「やっとださ。来ちゃったみたいなの」

「あらよぉ。そうだったの」

「そうなのよぉ」

「よかったじゃんよぉ。そりゃお祝いださ」

菊子は十六歳にして、めでたく女性の仲間入りをしたのだ。


時は流れて、九十九里浜とは、次第に疎遠になっていった。

俺が訪ねてから一年後に、大伯父は肺がんで亡くなり、栄子さんの縁続きの人が夫婦養子となって代を継いだ。

菊子と俺は東京に戻ってからも、よく会っていた。ときどき仲違いし、出入禁止と言われたこともあった。

菊子が女子だけの高校を卒業する前のことで、受験を前にして神経質になっていたのだろうか。

ある日、世田谷の菊子の家にぶらりと遊びに行った。

菊子が不在だったので、菊子の部屋で待ちながら、なにげなく彼女の本棚に「交換日記」と題したノートを見つけた。

そこには女子高生どうしの恋愛感情がつづられていたのだが、文中のタカシという名に嫉妬心が生じた。

もしかしたら、このタカシと書かれている名前は、菊子の恋人なのか。俺には理解不能な文言が並ぶノートの内容を、どうしても聞いてみたくなった。

「タカシってだれだ?」

菊子の怒りは爆発した。

「ばか。あんたなんか大嫌いよ」

それでも、菊子との仲が壊れてしまったわけではなかった。文通を思いついて、おちゃらけを交えながら手紙を書くと、ちゃんと菊子から返事が来た。

菊子の家は、世田谷でわりと豊かな暮らしをしていたが、父親が脳梗塞を発症し、病状の悪化とともに、経営する会社の業績も落ちていった。

それでも菊子は、リハビリに励む父親の強い進言で、東北にある福祉系の大学に進んだ。

卒業後は、その大学近隣の街で、養護学校の教職に就いた。

菊子の二十三歳の秋。彼女の誕生日に合わせて、会いに行きたいという手紙を書いた。

返事はすぐに来たが、俺が彼女を訪ねていいかどうか、大事なところはなにも書いていなかった。でも、俺は行こうと決めた。

俺の指定した場所に、菊子は待っていてくれた。

相変わらずやせっぽちだったが、肩まで髪を伸ばし、紺色のワンピース姿の菊子は、やはり少し大人になっていた。

駅の構内にある花屋で買い求めた小さな花束を渡すと、

「ありがとう、大きくなったわね」

と、姉さんぶって言った。

駅からはバスで、菊子の父親の具合や、互いの職場のことなどを話しながら、五つめのバス停で降りた。

古い家と新しい建売住宅が混在する小さな街の片隅に、菊子のアパートはあった。

菊子が学生時代から借りているという古い木造アパートだ。

二階建て四部屋で、さびついた階段をきしませながら二〇二号室に着いた。

菊子は俺に対してなにかと姉さんぶるが、話し方も子供っぽく、思いついたままのことを無邪気に口にして、まとまりのない会話になったりする。それはかえって、俺を楽しませるのだけれど。

部屋を見てみると案の定、子供みたいなグッズや人形が飾られていた。

出してくれたビールを少し飲んだころ、台所に立つ菊子の背後に、そっと近づいた。

「きいちゃん」

小さく呼びかけ、肩を引きよせると、菊子はこちらをふり向いた。

「ごめん……あたし……はじめてだから……」

菊子は小さな声でつぶやいた。

イニシアチブは俺が取っていた。

なにもかもが不安であるはずの菊子に対して、俺はむしろ、自重しなければならなかった。

しかし、実のところ、俺も手練手管のサオ師にはほど遠く、性体験は同級生だった娘を言いくるめて二回だけだった。

それは実験みたいなもので、まだ童貞に毛が生えた程度だったのだが。

しかし、机上訓練は怠りなく、その道の自習はピンク映画とエロ本で励んでいた。

その知識に従って、ただ黙って菊子を抱きしめて、唇を求めた。

十月の夕日が、カーテンの隙間から鋭く切りこんでいた。菊子は俺の求めに無言で応えていたが、次第に菊子の腕の力が強くなり、唇を押しつけてきた。

どこで覚えてきたのだろうか、とても上手に、菊子は僕の唇を迎える。

菊子は彼女の薬指の太さほどに口を開いて、その奥には、誘うように軽くやわらかな舌を忍ばせていた。

俺ははじめは音もなく、菊子の舌を吸いつづけていた。

俺の舌の上半分ほどのところに、菊子のやわらかい舌を吸いこんだ。みだらな音を立てたが、かまわず舌を吸いつづけた。

舌で菊子の舌の裏側を愛撫《あいぶ》しつづけていると、菊子は快楽の兆しを表し、唇を離した。

菊子は長く小さなため息をついた。

「う、ううう……」

二度、三度と菊子はせつなげな声をあげた。おそらく自分でも意図しない呼吸が、彼女の欲情を表していた。

菊子は下腹部のまるくふくらむ陰部を、俺のズボン越しにペニスをまさぐるように押しつけてきた。

狭いアパートの部屋。すぐそばにベッドがあった。

俺は菊子を抱きながら、ワンピースを脱がそうと、背中のファスナーに手をかけた。

「あたしがする」

菊子はそう言うと、ワンピースを足下に脱ぎ、ブラジャーと一体型のスリップ、ストッキング、白いショーツを脱皮するかのように手早く脱いだ。

そして全裸でベッドの端に腰を下ろし、半回転しながら体を横たえた。

ベッドの中でシーツにくるまり、棒のようになってしまう菊子の姿を想像していたのだが、ちょっと違った。

「あなたのお手紙、読み終わったときから、こうなるんだって思った」

菊子は息を整えると、そう言った。

菊子のキスが上手だった理由は、女子高生時代から、タカシ（多加子）との間に育んだ、女どうしの愛のテクニックだったそうだ。

タカシは十七歳の冬にトランスジェンダーだと認識し、菊子にレスビアンだと告げたという。

「タカシは、もがれた自分自身の魂の肉片を探しているのよ」

と、菊子は続けた。

「同情じゃなくて、同感というのが正解だわ」

女であることが、つらいらしい。

「じゃあ、菊子は？」

と尋ねると、

「あたしは男の感性がつらいよっていつも思うの」

はぐらかされているような、謎めいているような答えだ。

タカシとはどんなセックスだったのかと聞いてみると、

「あら、ヤキモチかしら。猫の兄弟みたいにじゃれ合っていただけよ」

またはぐらかされた。

とにかく俺の目の前には、九十九里の遠い思い出の裸体の少女ではなく、成熟した菊子の裸体がある。安アパートの南西の窓ぎわから、ほんの少しだけ挿しこんでいた秋の陽《ひ》もすでにうせ、菊子の裸体だけが白く浮きあがる。

俺と菊子はいとこの間柄だが、菊子の父親は九十九里の大伯父の息子で、瑶子伯母とは従兄妹《いとこ》どうしで結婚した。血縁が濃いことで、俺には昔から菊子に対して、安心感があった。

「瑶子おばちゃんも俺の母ちゃんも、二十四歳で母親になったんだよな」

と切り出してみると、

「ママになってみたい気はするけど、私たちには無理だわ……」

やんわりと拒否された。

菊子は小さな嗚咽《おえつ》を漏らしはじめた。

ここぞとばかりに俺は、菊子の股間をひろげて薄い毛をかき分け、ゆるくこじった。

すると、菊子のクレバスの小さな穴は、愛撫に耐えられずに少しずつ濡れてきた。

そこにしゃぶりついた。

塩っぽい味といっしょに、希釈された尿の匂いがした。

菊子からはじめて感じた十六歳の少女のフェロモンの正体をまさぐる思いで、匂いを強烈に発する股間に鼻を突きたて、唇を押しあてた。

美しいままでありえたかもしれないものを汚すかのような下劣な音を立てながら、

菊子の精気に舌をはわせているうちに、俺はなんのてらいもなく、獣に化身していた。

硬直した己のペニスが痛いほど膨張していく様を体感した。

まだ菊子のクレバスの穴にペニスを入れたわけではないのに、菊子は黙りこんだまま顔をしかめ、体をずらせてそろりと逃げる。

「きいちゃん、入れらんねぇべ」

と、房総《ぼうそう》なまりでささやくと、

「だってぇ、おっかねぇんだもん」

と返ってきた。

だからやさしく、そっとと菊子は言うのだ。俺はゆっくり、菊子の恐怖心を溶かしていった。

徐々に、俺の屹立《きつりつ》した雄ネジが、菊子のやわらかな白い肉に食いこんでいく。ゆっくりと、少しずつ腰を上下させて、抜き挿ししてみた。

すると、菊子の鼻の穴から強い自己主張が吹き出し、その荒い息が俺の下顎を突きあげた。

そして、小さなため息を漏らしながら、

「ああ、あたし狂いそう。堪忍して」

とくり返した。もはや古語にも等しい。

堪忍という言葉にとまどったが、なぜか官能的でもあった。

それよりも、俺はつながった性器がほどけることを案じていた。

俺のペニスは衰えもなく、硬度を保ったまま抜き挿しを続けた。ゆっくりと菊子のバギナをうがち、はめこんだ器にピッタリと収まったまま、勢いは持続した。

未痛の膣口に痛みがあるのではと心配したが、菊子の膣内は潤沢に液があふれ、クチュクチュと小さな音を立てながら、俺のペニスをつかんで放さない。

終わりを感じたそのとき、菊子も小さく叫んで、俺は大量の精液を膣内に発した。

菊子は隣の部屋にひとりで住む、小さなバーを営んでいる初老の女を気にしていたが、どうやら不在らしく、安普請の外づけ階段がきしむ音も、金属的な靴音も聞こえなかった。

ふたりだけの夜を過ごせた。

行為のあと、しばらく気が抜けてぼんやりしていたが、息が整った頃合に、

「さっき、きいちゃん、堪忍して、堪忍してって言ってたけど、古い言いまわしだよ

ね」

と、話題をふってみた。

「うっそぉ、あたし、知らない」

にべもなかった。別に、それほど否定するようなことではないのに、俺も変にこだわったが、菊子の態度も少しいぶかしかった。

やがてピロートークは、思い出話に変わった。

「九十九里の家で、あたしと母が裸でいたとき、あなたのぞき見していたわよね」

「えっ、あんときに俺が見てたこと、ばれてたのか?」

「ばっかね。当たり前じゃないの。あなたは、あたしの裸じゃなくて、母のほうばかり見ていたのよ」

たしかにあのとき、俺の視線は、細く幼い菊子の裸体ではなく、豊かな乳房と真っ黒な陰毛の生い茂る瑶子伯母の性器に釘《くぎ》づけにされていた。

瑶子伯母もそれに気づいていて、勝ち誇ったような母親の威圧感に、菊子は押しつぶされそうになったという。

ぬらっとひとしずく、菊子の粘着液のような嫉妬心を感じた。はるかかなたに置き去りにしていた話だったが、俺にとってはほろ苦い問いの答え合わせだった。

「俺の唇はキスマシンだぞ。言葉と一体型性器なんだから」

一瞬生まれたわだかまりを吹き消すように、俺はまた菊子の肌をぺちゃぺちゃと品のない音を立てて舐《な》めていく。唾液は菊子の温かい体で揮発して臭くなるが、平ちゃらで、どこもそこも、アソコも舐めまわす。

「菊子を食べてしまうぞ」

「あぁ、ダメ、堪忍して。食べちゃダメ」

思えばなんという戯言《ざれごと》なのか。みだらそのものの言葉を紡ぎながら、再び交わった。

数日後、俺が働いていた運送会社の寮に、菊子から手紙が届いた。

教育現場でのストレスから、顔面神経まひを発症することもあり、笑うことが難しかったが、俺と会えて楽しい時間を過ごすことができた、という内容だった。

うれしいことはうれしいのだが、なにか心に響く決定打に欠けていた。俺たちの特別な一夜の感想に触れずじまいの文面には、少し気落ちした。

そのあとの菊子は、年の離れた男と結婚。そして、離婚。相次いだ両親の死に苦労した。養護教育の職には独身のまま定年まで携わった。俺が所帯を持つころからは、親戚としてのつき合いも薄れてきた。

五年前、俺の妹から電話があった。

「久しぶりに、菊ちゃんちの墓参りに行ったら、お墓がなくなっちゃってたのよ」

青天の霹靂《へきれき》だった。公営墓地の管理事務所に問い合わせると、ひとり娘の菊子の手続きにより墓じまいがなされ、両親は合同墓に合葬されていた。

むやみな想像はできないが、俺に堕落の道ゆきを託そうとはしなかったのだ。

やけになることなく、少しだけ老いたニンフとして飛び立っていったのだと思うと、得心ができた。

なーちゃんのパパ

東京都・会社員・三十二歳・女性

「麻里《まり》ちゃん？」

ゼミ終わりの午後六時。七月の日差しを避けながら大学の中を歩いていたら、誰かに呼び止められた。

「なーちゃんパパ、どうしたんですか」

ふり返ると、同じ町内に住む岡島《おかじま》さんが手をふっていた。娘の奈々《なな》ちゃんは私より年下だが、昔はよく遊んでいた。なーちゃんパパと呼ぶくせは、そのころの名残だ。

「ちょっと仕事でね」

そう答える彼はひどく疲れて見えた。心なしか、声に力がないような気もする。

「もう、お帰りですか」

「うん、会社には戻らなくていいので。よければ、いっしょに帰る。あ、でもおじさんといっしょだと、彼氏に誤解されるかな」

「いえ、そうじゃなくて……まだ早いし、せっかくなら少し飲んでいきませんか」

年上に向かって生意気だったかなと後悔したけれど、なーちゃんパパは目をまるくしてから笑った。

「女子大生に誘われるなんて光栄だな。本当はおじさんもそう言おうか迷ってたんだよ。じゃあ、ちょっと行こうか」

五十歳の中年太りで、頭は少し薄くなりつつあって、お世辞にもかっこいいとは言いがたい。なーちゃんパパにひかれたのは、痴漢に遭ったのを助けてもらったときからだ。

高校から電車通学をしていた私は、同じく市外に通勤するなーちゃんパパと、ときどき同じ車輛《しゃりょう》に乗り合わせることがあった。

その日は満員で、ドアに押しつけられながらお尻を触られ、声を出せずにいたとき、相手の男の手首をねじりあげて助けてくれたのが彼だった。

恐怖で力が抜け、駅に着いたとたん泣き出した私の背中を、なーちゃんパパはホームのベンチでずっとさすってくれた。その日のその手を、私はいまだに忘れられずにいる。

半個室のしゃれたお店に入り、ビールで喉を潤すと、なーちゃんパパは仕事の愚痴をこぼし、常軌を逸したパワハラ扱いを受けていることを知った。

「まあ、大人だからね、多少のことは我慢するけど」

「我慢にも限界がありますよね」

「まあね……五十のおじさんの愚痴に突き合わせちゃったなあ」

なーちゃんパパが弱々しく笑ったとき、私はとっさに立ちあがり、向かいに座る彼の頭を抱きしめていた。

「大人でもつらいときは、吐き出してください」

彼の背中をさすりながら、私は続けた。

「高校生のとき、駅でこうして優しくしてくださったときから、いつかお返しをしたいと思っていました」

「麻里ちゃん……」

「いつもがんばってて偉いです。いつも、お疲れさま……」

そう言い終わらないうちに腕を引かれて、唇を塞がれた。顔を離した彼は、うつむいて、

「ごめん……」

そして残っていたビールを飲みほすと、なーちゃんパパは、

「さあ、そろそろ帰ろうか。明日もあるし」

「これで終わりなんですか」

店から少し離れたラブホテルに自然と向った。部屋に入ると腕をまわし合い、唇を重ねた。

「んっ、はぁ……」

なーちゃんパパが私の髪をかきあげる。

「麻里ちゃん……」

「呼び捨てにしてください」

「麻里っ」

私を呼ぶ声が大きくなるにつれて、口づけも激しさを増していく。

「なーちゃんパパなんて、もう呼べない」

「啓介《けいすけ》って呼んでよ」

「啓介さん……」

ベッドにどさりと倒れこみ、彼の手が服の上から私の胸のふくらみをとらえる。

「小さいころから知ってるからかもしれないけど、麻里は本当にきれいになった」

「んっ……」

「体つきもどんどん女らしくなって……正直、会うたびにドキドキしてた」

服の上を滑っていた手がブラウスと下着をよけて素肌に触れる。大きくて硬い手のひらが、私の乳房を弄ぶ。

「見た目より大きいんだね、麻里のおっぱい」

「いやっ、恥ずかしいです」

「やわらかくてずっと触っていたくなるよ」

啓介さんが乳首を吸う。舌先でつつくように刺激されて、気持ちよさが加速していく。

「麻里、気持ちいい？」

私はこくりとうなずく。啓介さんは起きあがってスーツを脱ぎはじめ、一糸まとわぬ姿になり、仁王立ちした。

「こんなこと久しぶりで、すごく興奮してる」

私はひざまずいて、大きくなったそれを口に含んだ。頭を前後に動かしながら、左手で睾丸《こうがん》をなでると、彼の体がピクリと反応する。

その様子がいとおしくて、愛撫《あいぶ》のスピードが速くなる。

「ああ、麻里っ、いいよ」

啓介さんは小声でうめいて、私の腕を取り、ベッドへ誘う。ふたたび体を横たえると、彼の指が私の秘所に触れる。

「あっ……」

「もうぐっしょりだね」

大事なところを人さし指で何度もなぞられ、思わずのけぞってしまう。

「ねえ、もう……」

彼は小さくうなずいて、枕もとにあったコンドームを手に取った。

「入れるよ……」

「はい……」

膝を立てて私の中に、彼がゆっくりと入ってくる。

「あああっ、啓介さんっ……」

「麻里……」

ぴたりとひとつにつながったのに、彼はじっとしたまま動かない。

「啓介さん？」

「ごめん、入れただけで気持ちよくて……動かしたら、すぐ出ちゃいそう」

「私も気持ちいいっ。ねぇ、いっしょにイキましょう」

その声に押され、彼は激しく腰を打ちつける。

「本当に、イッちゃいます。だめ。あっ、イク、イクイクッ、啓介さん……」

「ううぅ、麻里、もうだめだ。出るっ」

「あああああぁ……」

地元では毎年九月に、町内対抗運動会が開かれる。運営の手伝いに今年は声がかからず、運がよかったと胸をなでおろしたのもつかの間、当日になって急に召集され、私は設営の助っ人として現場へ行くことになった。

会場は母校である地元の小学校。朝早くグラウンドに立てられたテントに向かうと、啓介さんの姿があった。どうやら、彼も駆り出されたらしい。

「おはよう。いきなり呼び出されたんだって？」

あの日以来、大学が夏休みに入ったこともあり、彼とは一度も会っていなかった。

「麻里ちゃん、体育館の倉庫からゴールテープ持ってきてくれる？　急がないから」

役員のおじさんに指示されて倉庫へ向かうと、鍵がかかっている。ため息をついて引き返そうとしたら、啓介さんが走ってきた。

「鍵、開いてないでしょ」

「ありがとうございます」

どんな顔をしていいかわからずにいる私の隣で、啓介さんは手早く鍵をまわす。横開きの重い扉を開けると、彼は私をぐいと倉庫に引き入れて抱きよせた。

「だめです。誰かに見られたら」

「まだ早いし、誰も来ないから。それより俺、変なんだよ。あの夜から麻里のことばかり考えてて、家でも麻里の体を思い出して、自分でしたりして」

「啓介さん……」

「麻里が後悔してるかもしれないと思って、なるべく姿を見せないようにしてたけど、やっぱり、もう一度したい……」

私は彼の胸に顔をうずめてつぶやいた。

「私も同じ気持ちです。もう一度……」

体育の授業で使う用具が所狭しと並んだ倉庫で、私は生まれたままの姿で縛られた。両手はうしろに組まされ、乳房を上下に挟むようにゴールテープが巻きついている。

「啓介さんて、いじめるほうが好きなんですか」

「麻里のことはいじめたくなる」

圧迫された胸はまるみと乳首が必要以上に強調されて、自分でもみだらだと思う。

「やっぱり、おっぱいはきれいだ」

そう言って眺めたままで、彼は手を伸ばしてくれない。見られているだけなのに、体が熱くなってきて、体育座りをする足が、もじもじ動いてしまう。

「なにもしてないのに乳首が立ってきてる……どうしたの？」

「そんなこと……ああっ」

硬くなった先端を甘噛《あまが》みされ、思わず大きな声が出てしまう。

彼は私の口を手で塞いで、乳首いじりを続ける。はじめは優しかったのに、徐々に強さを増してくる指に私は身もだえる。

「んんっ……」

思いきりつねられ、快感と痛みとで涙目になった私を、啓介さんはせつなさそうに見つめる。

「麻里、触って……」

ジャージーのズボンをずり下げて現れた肉棒は、痛そうなくらい反り返っている。

「先のほうから、なにか出てますよ」

自由になった手で硬くなったものに触れ、先走り汁を人さし指ですくって、亀頭をくるくるとなでまわす。

「ああ、いいっ……」

唾液を落として上下にしごく。強く握ったり、舌を滑らせたりするたびに、彼の口から吐息が漏れる。なにか言いたそうなのに、その言葉をのみこんでいるようにも見える。

「すごく大きくなってる……」

「麻里がそうしたんだよ」

啓介さんは床に腹ばいになると、私の足を開いて大事なところに顔を近づけた。

「触らなくても濡れてるのがわかるね。俺のを咥《くわ》えてたら感じちゃったな」

「……いじわる」

「麻里がかわいいから」

濡れそぼった秘所に熱っぽい息がかかって、敏感な突起が吸いあげられる。

「ああっ……」

貪るように舐《な》めまわされ、啓介さんの唾液と私の愛液が混ざって、お尻のほうに垂れていくのがわかる。蒸し暑い倉庫に、女の匂いが満ちていく。

「あっ……気持ちいいっ」

充血したつぼみを人さし指で弾《はじ》かれて、体が震える。

「これがいいの？」

「あっ、あっ……だめっ」

敏感なところを一気に責められ、私はあっという間に達してしまった。

「……イッちゃった」

「かわいかったよ」

彼はそう笑って、私の頭をなでた。

「勢いで連れこんじゃったけど、ゴム持ってないから」

口の中で果てたいと言いたげに、はちきれそうなそれを口もとにあてがってきた啓介さんに、私はささやく。

「そのままでも……」

彼の動きが止まる。

「いいの？」

「ピルを飲んでいるので……」

そう答えた一瞬ののち、壁に手をつかされ、うしろから貫かれた。

「ああああっ……」

「ピルは彼のため？　いやらしい舌遣いも彼氏に教えてもらったの？」

「ああんっ」

「年がいもなく、麻里の彼氏に嫉妬までしてたんだよ、俺」

肌と肌がぶつかる音が響く。

「今日もずっと、麻里のこんな姿を見てる男ってどんなやつだろう。彼氏の前では麻里はどんなふうに乱れるんだろうって……」

「こんな、こんなに気持ちよくなるのは、啓介さんがはじめてです。あああっ」

「本当に？」

「はい。だめぇ、感じるっ……」

乱れた息で応えると、彼は私の腰を抱えて、さらに激しい抽送をくり返す。

「あっあっ、だめ、だめだってば……」

「彼氏より気持ちいい？」

「いい……」

「ちゃんと言って」

「啓介さんとするセックスが、いちばん気持ちいいです……っ」

「麻里っ……」

「ああっ、イク、イッちゃッ……」

「中に出すよ、あああっ……」

運動会での交わり以来、会えば食事もせず、ひたすら体を重ねつづけるようになっていた。

「東京？」

ある冬の日の帰り道、電車を待つ駅のホームで、私はようやく白状した。卒業後の就職先が都内に決まったこと、入社前の研修のため、年明けに卒論を出したら住まいを移すことを。

「実家を出るつもりはなかったんですが、そういうことになりました」

「そうか……」

コトを済ませていっしょに電車で帰るときは、余韻に浸って車内でこっそりと手をつなぐこともあったけれど、この日は互いに気まずく、少し間を取って、つり革につかまった。

啓介さんも私も、日が暮れた窓の外を見て黙ったまま、私たちを乗せた電車は地元駅に着いた。

「あっ、迎えを頼むのを忘れてた」

改札を出て、はっとしたように彼がつぶやく。

「私、きょうは車で来たので、乗っていってください」

「じゃあ、お言葉に甘えて」

エンジンをかけると、私はなんだか離れがたく、家とは反対方向にハンドルを切った。隣に座る啓介さんはなにも言わない。

小高い山の上にある公園の駐車場に車を止めると、街の明かりが寒空に映えて美しかった。彼が私の手を握る。

「麻里が遠くに行くのは寂しいけど、この数カ月は夢みたいな時間が過ごせて、幸せだった」

「私も……啓介さんとこんなふうに、いっしょにいられてうれしかったです」

どちらからともなく、口づけを交わす。

「ねぇ、麻里」

「はい」

「もしかしたら、きょうが最後の夜だったかもしれないね」

たしかに年明けの予定は詰まっていて、引っ越しまでに彼と過す時間が取れるかはわからなかった。

「先にわかっていたら、もっと記憶に残るセックスをしたのに……あと出しじゃんけんはずるいな」

ふざけて笑う彼に、私は思わず口を開いた。

「じゃあ、最後の最後にもう一度、しませんか」

「どこで？」

「この車で」

後部座席に移動して、身を寄せ合う。暖房が効いてきたとはいえ、十二月の車内はやはり肌寒い。

「啓介さん……」

彼の顔を両手で挟んで唇を押しつけたあと、彼のズボンのベルトをはずし、中に手を入れる。

「さっきしたばかりなのに、もうこんなになってますよ」

「麻里といると、ずっと体が反応してだめなんだよ」

そう言った彼が、小声で話す。

「ねぇ、お願いがあるんだけど……麻里がいつも自分でどうしてるか見てみたい」

私は言葉に詰まる。車の中はカーナビが発する光の明るさしかないけれど、それでも恥ずかしい。

「啓介さんもいっしょにしてくれるなら……」

「わかった」

私はセーターを胸の上までたくしあげ、下着の端からそろりと指を入れる。乳首に爪が引っかかり、声が出てしまう。

「んっ……あんまり見ないでください」

「そんなの無理だよ」

啓介さんは私を見つめながら、勃起したそれをしごきはじめ、聞いてくる。

「ああ、いつもそうやってるんだ」

「はい……」

「どんなことを考えながらするの？」

「啓介さんとセックスするときのことを思い出して、啓介さんの指だと思って……」

「ああっ、麻里……」

「私たち、すごくいやらしいことしてますね」

「麻里のもっといやらしい姿、見たい」

タイツと下着を脱ぎ捨てて、シートの上で膝を立て、啓介さんに向かって大きく足を開く。人さし指と中指をそろえて、ひと息でそこに突っこむ。

「ああっ、気持ちいいっ」

啓介さんの視線が吸いよせられているのがわかる。息を荒くさせながら激しく手を動かす姿に私もまた興奮して、快感を求める指が止まらない。

「どうしよう……気持ちよすぎて、ああっ……」

「麻里、このましてたら俺、自分でイッちゃう」

「ああっ、私も……でも、それはいやです」

私は指を抜いて啓介さんにまたがると、一気に腰を沈めた。

「あああっ、すごい」

「麻里っ、よすぎる……」

「すごい、深く刺さってる……あっ」

「気持ちよくて、離れられなくなりそう」

「ねぇっ、私、イキそうです」

「いっしょにイコうか」

「あら、麻里ちゃん、ごめんね。おじさん、乗せてきてもらっちゃって」

途中で降ろしてくれればいいからと言うのをなだめ、彼を家まで送っていくと、なーちゃんママが表へ出てきた。私も車を降り、頭を下げる。

「いえ、ちょうど帰りの電車がいっしょだったみたいで。なーちゃんは？　最近見かけないけど、元気にしてますか」

「部活ばかりやって、ぜんぜん勉強しなくてねぇ。麻里ちゃんを見習ってほしいわ」

少し世間話をしてから、私は車のドアに手をかけた。

予想どおり年が明けてからは卒論や就職の準備に忙しく、連絡を取る余裕もなかった。私は、あわただしく地元をあとにした。

あれから十年。

東京での仕事と生活にはすっかり慣れて、恋人も何回か変わった。上京してしばらくは、夏休みや年末年始に帰省するたび彼に会いたくなったけれど、けっきょく一度も連絡しなかった。

これが最後と思いながら体を重ねた記憶が強烈に染みついて、あれ以上のセックスはできないと思ったからかもしれない。

それでも、彼のことはいまでもふとしたときに思い出す。そのたびに心の中で「いつも、お疲れさま」と声をかけて、優しくその頭を抱いている。

盆と正月と祭りが——千葉県・無職・七十四歳・男性

昭和四十二年（一九六七年）六月の蒸し暑い夜の十時ごろ、はじめて赤木美紀《あかぎみき》が会社の寮の僕の部屋を訪ねてきた。

美紀は僕と同じ二十歳で、近くの食堂で働いており、髪を長く伸ばした小柄で色白の美人さんだ。この半年間、僕が何度もアプローチしている娘だった。

ひょっとしたら交際をオーケーしてくれるのかと思って、急いで煎餅《せんべい》布団をまるめて部屋に上げると、美紀は言いにくそうに、六万円貸してくれないかと言った。

僕はがっかりしたが、結婚まで考えていた女からの頼みごとだったから、

「あさってには用意できるよ」

と、使い道も聞かずに快諾した。美紀はホッとした様子を見せたあと、とつぜん、

「翔《しょう》ちゃん、私のこと好きなんでしょ。抱いてもいいよ」

思いつめたように、目を伏せた。

高校三年の卒業まぎわに同じクラスの女の子とキスした経験しかなかった僕は驚いて、美紀の気が変わらないうちにとあわてて敷布団をひろげた。

交際どころか初体験が自分の好きな女とヤレるとウキウキしている僕のそばで、美紀は黙ってブラウスとスカートを脱いできれいにたたんだ。

下着をその上に置くと、薄い煎餅布団の上に、両手でおっぱいを隠してあおむけになった。

はじめて見る若い女体に興奮した僕は、ブリーフを脱ぐと、おったてた肉棒をキョンキョンさせながら、美紀のまっ白い太ももをゆっくりとひろげてその間に座った。

はじめて見るおま×こは、まばらな陰毛の下に縦にくねくねした肉の扉があった。てっきり男のち×ぽが入る穴が口を開けているものだと想像してた僕は、いったいどうなってるんだとその扉を両手で開き、のぞきこむ。

上部にピンク色した小さなふくらみがあり、なおも開くと下部に小さな穴が見える。こんな小さな穴にち×ぽが入るのだろうか。

疑問に思いながらも我慢ができなくなり、いきり立って淫水のしずくを垂らしているち×ぽを美紀の小さな穴に挿入しようとすると、

「翔ちゃん、ゴムないの？」

「えっ。あ、あるよ」

あわてて本の間から出したコンドームを装着し、ふたたび美紀の太ももの間に入り、その肉の扉をひろげて亀頭を入れようとしたが、角度が合わない。

美紀のお尻に手をまわして少し持ちあげると、亀頭がスムーズに入る。お尻を下ろしてゆっくりと根元まで挿入すると、思いがけず膣の中は熱かった。

よし、これで美紀は俺の女になったぞ。

そう思いながらゆっくりとち×ぽを出し入れする。ゴムの感触が残るとはいえ、その熱さとこすれ具合は、オナニーとは比べようのないほど気持ちいい。

美紀が処女でないことは、すぐにわかった。これで男になったという感激と、美紀が処女ではなかったことの落胆の複雑な気持ちで出し入れしていると、急に絶頂感が襲ってきたので、あわてて美紀の体にしがみついて射精した。

ともに二十歳。ウブな僕と違い、美紀は最後まで興奮した様子は見せなかった。美

紀は体を離すと、

「それじゃあ、お願いね」

と言いながら、身支度をして帰っていった。

あくる日、俺は男になったぞ、と大声で叫びたい衝動にかられ、男としての自信と余裕に浸りながら会社に向かった。会社は寮から歩いて十五分の世田谷《せたがや》にある。

会社に着いて、いつもどおりパートのおばさんたちに混じって検査機器の部品作りをはじめる。この部品作りと完成品の出荷が僕の仕事だ。

仕事をしながらまわりの三十代から五十代のおばさんたち六人の顔を見まわす。昼間はまじめな顔をして仕事をしているこの人たちも、夜はおま×こしてるのだろうか、などと妄想に駆られていると、いつもは長い仕事時間があっという間に終わった。

翌日、美紀のいる食堂に行ってラーメンを頼み、おかみさんにわからないように六万円を入れた封筒を渡した。

次の日曜日、お昼近くに起きた僕はインスタントラーメンを食べ、万年床に寝転がって音楽を聴きながら週刊誌を見ていると、見出しに「団地妻　昼下がりの情事」とかの刺激の強い記事が並んでいる。

読んでいくうちにだんだん興奮してきた僕は、思わず手でち×ぽをこすりはじめた。美紀のおま×この小さな穴を思い出したとたんに絶頂に達し、ちり紙を当てた。

射精の震えがすっかり終わって、ふうっとため息をついたときに、窓が五十センチくらい開いているのに気がついた。そう思って上体を起こすと、四メートル先の隣の家の窓のカーテンがサッと閉められ、中で黄色い人影が揺れた。

えっ、隣の奥さんっ？

隣の奥さん、西田《にしだ》深雪《みゆき》さんは、四十代のご主人は羽田の整備工場に勤めていて夜勤が多い。三十歳前後のこの奥さんは、小柄で目がぱっちりしたかわいい人だった。子供は小学二年の男の子と幼稚園に通う女の子のふたりがいて、この男の子とは休みの日にボール遊びなどしていたが、ご主人や奥さんとは銭湯の行き帰りにあいさつをする程度だった。

あのしとやかそうな隣の奥さんに、オナニーしてるところを見られてしまった。そう思ったとたん、急に顔から火が出るほど恥ずかしくなった。

僕は隣に向いている窓の雨戸を閉め、翌日から工場への行き帰りや銭湯に行く時間もずらして、なるだけ隣の奥さんとは顔を合わせないようにした。

そんなある日、仕事が終わったあと、作業場の隣の部屋に設置してある洗濯機に二、三日たまっていた衣類を入れて、ついでに着ていた作業服とランニングシャツも脱いでほうりこんだ。

そこで、主任の三井節子《みついせつこ》さんとバッタリ出くわした。

「あらっ」

汗に濡れた上半身裸の僕を見て、三井さんが驚いた声をあげる。

主任の三井節子さんは、干支《えと》が僕と同じで、ひとまわり上の三十二歳。キリッとした顔立ちで短い髪にパーマをかけていて、作業場で働くおばさんたちの中心的存在でもあった。

もちろん結婚していて、左官職人の旦那さんと小学四年のひとり息子がいる。僕は上半身が裸という照れくささもあって、思わず目の前で固まっている主任に抱きついてしまった。

「まあっ」

主任が声をあげたので、反射的に僕は主任を両腕でギュッと強く抱きしめた。じっと動かない主任の体を抱きながら、意外に女って小さいんだなと思った。

時間にして三十秒ほどだったが、甘酸っぱい汗の匂いを感じながらその場を離れた。

事務所に戻ってテレビを見ていると、帰り支度をした三井さんが現れた。

彼女はほかのおばさんたちと違って家が近いから、ひとりで少し内職をしてから帰宅するのだ。僕を見るとちょっと火照ったような顔をして、

「さっきは、もうびっくりしたわよ。ああ、まだ心臓がドキドキしてるわ」

僕をふり向きながら帰っていった。

翌日の定時後、事務所でテレビを見ていると、三井さんがいつもより早めに作業場から出てきて、僕に声をかけてきた。

「今日はみんなが帰ったあと、君が入ってくるかなと思って待っていたのに、どうして来なかったの。明日は来るでしょ？」

それは有無を言わせない口調で、僕を見る三井さんの目は赤く潤んでいた。

なにかを訴えるような、見る人を誘いこむような妖しい女の濡れた目だった。

翌日は作業があっという間に終わり、五時の定時になるとみんないっせいに帰宅していった。やや置いて僕が作業場へ入っていくと、ひとり残業していた三井さんがこちらを見て、やっぱり来たのね、というように、ニコッと笑った。

僕は三井さんが座っている椅子のうしろにまわり、彼女の肩に手をかけた。

「あらっ、肩でも揉《も》んでくれるの？」

肩越しに三井さんが言う。

「うん」

返事した手前、肩をゆっくり揉みほぐすと、彼女は作業を中断し、気持ちよさそうに目を閉じた。そして、問わず語りに話しはじめた。

入社以来、僕のことがずっと気になっていたこと。おととい急に抱きつかれてびっくりしたけど、うれしかったこと。その夜は隣にご主人が寝てるのに、僕に抱かれた感触がずっと残り、なかなか寝つけなかったこと。そして、目を閉じたままで最後に言った。

「君、女の人は知ってるの？」

主任の三井さんのとつぜんの質問に僕は、美紀のことを言おうか言うまいか返事に困り、怒ってるかのように指にギュッと力を入れ強く揉みはじめた。

「ふん、そうなの……」

主任は一瞬間を置いて、

「ね、私の体、触ってみる？」

これはチャンスだと思った僕は、肩を揉んでいた手を三井さんの上着の裾に恐るおそる手をかけた。すると、僕の手が動きやすいように彼女は腋《わき》を上げてくれた。

ブラジャーをたくしあげ、ゆっくりと乳房を揉んだ。手のひらの中の乳首が勃《た》ってきた。

「はあん……」

もっと下のほうを触りたくなって、右手をパンティーの中に進める。中指がプックリとふくらんだ、濡れそぼった突起に触れた。

「う、ううんっ」

主任は必死でなにかに耐えているような熱い吐息を出す。指を曲げて、熱いびちょびちょの肉壁をあちこち探っていると、

「ああん、もうだめっ、我慢できないっ」

とつぜん、人妻主任は立ちあがり、僕の手首をぐっとつかんだ。

「岸《きし》君、来てっ」

主任は電気が消えたままの更衣室へ僕を引っぱりこんだ。

更衣室は三畳ほどの畳敷きだ。その畳の上にぺたんと座りこむと、主任は僕の作業ズボンをパンツごと引き下ろした。

そして、主任の目の先でいきり勃ってる肉棒に手をかけると、先端からにじみ出ている先走り液を全体にまぶしながら、ゆっくりとしごきたてた。

「クチュ、クチュ、クチュ」

人妻の慣れた手さばきに、男根は先走り液でいやらしい音を立てる。

「う、う……」

あまりの気持ちよさに、僕は立ったまま両脚を震わせる。

それを見た主任は畳の上にゴロリとあおむけになり、自分の作業ズボンと下着を脱ぐと、

「ねぇ、挿《い》れて……」

窓から入る薄明かりの中で、下半身のまっ白いふたつの太もものつけ根に黒々とした陰毛が見える。

急いで主任の太ももの間に体を割りこませ、腕立て伏せの格好でその黒い陰りのあたりを夢中で突きたてていると、とつぜんち×ぽをつかまれた。

ハッと見ると、下から伸びてきた主任の右手が男根の雁を自分の膣口にあてがい、左手を慎重に腰を引きよせる。拍子にスポリと亀頭が人妻主任の蜜壺《みつつぼ》に埋《うず》まった。

「あんっ……」

主任はせつなそうな甘い声を出す。若い男根が熟れた熱い女陰の中をゆっくりと押し分けていく。美紀のときよりきついし、ゴムをつけたときとは違い、ナマの女陰の感触はすごくいい。

「あっ、あっ、あっ」

成熟した人妻の熱い膣に包まれ、めくるめくような気持ちのよさは、若い美紀のときはぜんぜん違った。

僕は主任の腕でお尻を引きつけられたまま、たぎる膣の中の男根を大きく往復させる。

「ううっ、もう、だめっ」

と叫ぶや、人妻主任はすごい力で僕の腰を引きよせ、おま×こを押しつけてきた。

その瞬間、僕も思いきり主任の体にしがみついて、ありったけの精液を噴出した。

ブルブルッ……。

おま×こを突き出しながら主任の体が痙攣《けいれん》しはじめた。両脚で僕の尻をしっかりと挟みこんだまま。

主任の三井さんは、信じられない強い力で僕に抱きついてきて、ぶるん、ぶるんと体を震わせている。これが女の人のイクということなのかと汗が目にしみるのをこらえながら思った。

そして不思議なことに、体は硬直してるのに僕のち×ぽを咥《くわ》えこんでいる主任のおま×こは、ヒクヒクと締めつけをくり返している。

年上の人妻が僕のち×ぽを膣で締めつけている。なんとなくくすぐったいような気持ちよさだ。

顔を上げて主任を見ると、口を大きく開けたままで、目は焦点が定まらずに虚空を泳いでいる。汗と作業服の臭《にお》いに淫靡《いんび》な淫水の匂いが混じった畳の上で、ふたりはしばらく抱き合っていた。

ようやく体の硬直が解《ほど》けると、

「ああ、気持ちよかった。こんなのはじめて……」

人妻主任は満たされた口調でつぶやき、あらためて僕に抱きつくと耳もとで、

「ねぇ、どうだった。よかった？」

僕が主任を抱き返しながら彼女の体に最大の賛辞を贈ると、満足そうに微笑《ほほえ》んだ。

それ以来、主任の三井さんのナマの女体に夢中になった僕は、毎日のように彼女の体をせがんだが、なんといっても相手は人妻。一週間に一度が関の山だった。

それから二週間もたった日曜日の昼下がり、このところ見かけない美紀のことを考えながら汗だくになって寮の庭の草取りをしていると、

「岸君」

垣根越しに隣の奥さん、西田深雪さんの声がした。この前、オナニーをのぞかれたので恥ずかしかったが、見あげるとこっちを見て微笑んでいる。

「岸君、ライスカレーは好き？」

「あ、はい、大好きですけど……」

明日の夕食にライスカレーを作るので、食べに来ないかとの誘いだった。カレーは大好物なので、喜んで了承した。

「ああ、よかった……そうねぇ、七時ごろにはできるから、そのころに来てよ」

奥さんはニコッと笑って垣根を離れたが、あのオナニーをのぞかれた日以来避けて

いた人が、なにごともなかったように食事に誘ってくれたのでホッとした。

翌日の午後七時ぴったりに、ポロシャツと短パンに着がえ、念のためにコンドームをひとつポケットに入れて、隣のドアをノックした。

黄色に花柄の半袖ワンピース姿の奥さんに迎えられ、居間に通されると大きな座卓の上にラッキョウと福神漬けのお皿とおしぼりが置いてある。

まもなく奥さんが大盛りのライスカレーとコップの水を運んできた。

「どうぞ、たくさん食べてね」

そう言いながら向かいに座り、笑顔を向けている。ワンピースの襟口が広く開いているので、奥さんのふたつの乳房の谷間がよく見える。

三井さんのおっぱいよりも大きそうだ。

奥さんの白い胸のふくらみをチラチラ見ながら、大きな豚肉の入ったカレーを口に運んでいて、ふと小二と幼稚園のふたりの子供たちの姿が見えないことに気づいた。

そのことを聞くと、

「今日は早めに寝かせちゃったの。主人も夜勤だし、いっぱい食べていってね……」

奥さんは意味ありげに僕を見た。食後にインスタントコーヒーをいただきながら尋

ねられるままに、田舎のことや仕事の内容などを話してると、

「ねぇ、翔太君て、彼女はいるの?」

「いや……」

「ねぇ、女の人は……経験あるの?」

妖しく誘うような挑むような、艶《なま》めかしい上目遣いは、主任の三井さんのときと同じだ。

これはヤレる……そう思いながら、

「いやあ、奥さんみたいにきれいな人はなかなかいませんから」

「そんなこと……」

奥さんは耐えきれないように視線をはずし、顔をますます赤くして、コップの水を飲む。僕はすかさずテーブルをまわって、奥さんのうしろから抱きついた。

「お、奥さんっ」

奥さんはビクッとしてコップを置くと、身を固くしている。

薄いワンピース越しにおっぱいをつかむと、ブラジャーをつけてなかったので乳房のふくらみがもろに感じられた。

奥さんの手が動いたので、怒られるかなと思っていると、その手が僕の手の甲に重ねられ、優しくなではじめた。

大丈夫、もっとさわってもいいのよ。

そう勝手に解釈した僕はあぐらをかき、その上に奥さんのお尻を乗せた。不肖の息子はいきり勃ち、奥さんのお尻の割れ目あたりを突ついている。

襟口から入れた左手でナマの乳房を揉みながら、右手をワンピースの裾に挿し入れる。三井さんとの経験から、一直線に奥さんのおまめを目指す。

太ももをこじ開け、パンティーの脇から秘密の花園に分け入ると、あふれんばかりにぐっしょりと濡れていた。

「あんっ」

小柄なわりに、おまめは三井さんのよりは大きい。その大きめのおまめをさすったりまわしたりしていると、ますますねっとりした愛液があふれ出す。

「ふふん、うふん……」

子供たちに聞こえないように遠慮がちだが、奥さんの興奮した声も熱を帯びてくる。

中指を膣に入れると、

「あん……う、ううっ……」

愛液でぐっしょりの膣壁を探り、天井部のふくらみをこすると、

「う、うっ……」

奥さんのこらえきれないような、あえぐ声にたまらなくなって、

「奥さん、ちょっとだけ挿れていいですか？」

耳もとでささやくと、うわずった弱々しい声で、

「ばか、そんなこと、いちいち聞かないで……」

奥さんはそう言いながら、よろよろと自分で深紅のパンティーを脱いだ。僕も部屋の電気を豆球に切りかえ、短パンごと下着を脱ぎ捨てた。

座布団の上で、奥さんを獣の姿勢にしてワンピースをまくると、真っ白な桃のようなお尻が現れた。

その桃尻の割れ目を開くと、薄茶色のお尻の穴が小さな菊花のようにすぼんでいる。

その下の濡れて光っているくねくねの谷間に、パンパンになった亀頭を当て、ゆっくりと押しこむ。

ずぶずぶずぶ……。

人妻の奥さんの熱い肉壁を押し分けて、ち×ぽの皮がこすられる感触がたまらなく気持ちいい。

奥さんの膣を味わうようにゆっくりと挿入する。子供ふたりを産んだ熱い膣が、僕の硬い陰茎を根元までのみこむと、

「ふうっ……」

奥さんは座布団の上の両手に顔を乗せて、くぐもった声を出す。愛液が多いせいか、三井さんの膣よりも密着はゆるいが、おま×こは熱い。

ああ、これもいいっ。

奥さんのおま×こを三井さんのそれと比べながら、挿入をゆっくりとくり返す。それにこの姿勢だと奥さんを征服しているようで、正常位とは違った高揚感がある。

ご主人のいない夜に、隣に子供が寝ている豆球だけの明かりの部屋で、

「ぴちゃ、くちゅ、ぴちゃ、くちゅ」

女と男のあそこがこすれ合うみだらな音が響いた。

腰を動かしながら奥さんのおまめを探ると、ふたりの結合部分が、愛液でびしょびしょになっている。左で乳首を転がし、右でおまめをくじると、

「ああっ、それいいっ」

横を向いた奥さんが泣きそうな顔になっている。もっと泣かせてやれとおまめを激しく刺激し、ち×ぽの出し入れを速めると、奥さんの腰の動きが大きくなり、急に小刻みに震えはじめた。

「イク、イク、イクっ、くうっ」

奥さんは激しく腰を痙攣させながら絶頂に達した。

「奥さん、僕も出そうです。ゴムを……」

奥さんはまだ震えながらもかすれる声で、

「いいのよ、そのまま出してッ……たまってるんでしょっ。ぜんぶ出してっ……」

その言葉にたまらなくなった僕は、奥さんの肉洞深く白濁液を噴射した。

「ああ、気持いい、くうっ」

「ありがと、すごくよかったわ」

秋の匂いが感じられはじめた九月の半ば、夜中の一時ごろ、ノックと同時にとつぜん美紀が現れた。

「翔ちゃん、遅くなってごめんね。はい、借りてたお金」

酒くさい息をしながら、白い封筒をさし出した。

「私、いまね、二子新地《ふたこしんち》のスナックにいるのよ」

美紀の色白の顔に見とれながら、やっぱり僕がいちばん好きなのはこの娘だと、立ちあがって美紀の腕をつかんだ。

美紀とはこのあと一年ほどつき合ったが、国籍の問題があっていっしょになれず、主任の三井さんと隣の奥さんには会社を辞めるまでの二年間お世話になった。

僕にとっては、まるで盆と正月と祭りがいっしょに来たような、昭和四十二年の夏だった。

ラプソディー・イン・十三――大阪府・無職・七十二歳・男性

大阪の中心地から電車で十分ほどのところに十三《じゅうそう》という街がある。東京でいえば、新宿《しんじゅく》、池袋《いけぶくろ》といったところか。

いまでこそ飲み屋、風俗店が立ちならび、ひとつ道路を隔てると、ラブホテルがひしめいている歓楽街だが、私が生まれた昭和二十三年ごろは生活するのにずいぶんと便利な街であった。

いまでは後期高齢者まであと数年になったが、それでも週末の土日は競馬、週一回はゴルフとまだまだ体力、気力は衰えていないつもりだが、さすがに年のせいか、酒が入ると昔を懐かしむことが多くなった。

それは十三で過ごした幼いころの自分である。私は父が五十歳のときにできた子で、しかもひとりっ子でもあり、かわいがられて育てられた。

当時、まだ出まわっていなかった皮のグローブを買ってくれ、キャッチボールをしたときの父のうれしそうな顔。家の近くに流れている淀川《よどがわ》でいっしょにしじみ採りをした日々などが昨日のように思い出される。

幼稚園に通っていたころ、隣に大きな家があった。レンガ造りで緑の芝生《しばふ》、庭には色とりどり花が咲き、ピアノを弾く音が聞こえた。

「お隣はアメリカの外国人さんのご主人と、奥さまが住んではるのよ」

アメリカの外国人とはおかしなものだが、母はそう教えてくれた。私はまだ見たこともない外国人を見たくて仕方なかった。その外国人の家には車があった。

当時、車を持っている家など町内でも一軒もない時代である。ただ幼稚園から帰ると車がないときがある。

(そうや、車でどこかに行ってはるのや。帰ってくるのを待てば外国人を見られる)

そこで私は幼稚園から帰ると、夕食の声がかかるまで、隠れるように車が帰ってくるのを待った。そのかいがあってか、外国人を見ることができた。

車から降りてきた外国人はそれまで見た誰よりも背が高く、大きい。すると外国人は隠れるように見ていた私に気づき、ニコッと笑って手をさしのべてきたのだ。私は身動きがとれず、じっとうつむいたままでいると、甘ったるい香りが私を包んだ。顔を上げると、かがみこむようにして私の頭をなでている女の人がいる。恥ずかしくなり、視線を下げると、目の前に大きく開いた胸もとから軟らかそうなふくらみが見えた。最初はそれがなにかわからなかった。

(オッパイや、これはオッパイや)

それは母のとは違い、白い巨大な風船のようだ。私は息ができず、見つめるだけで、逃げるようにして家に帰って思った。

(幼稚園の先生は、外国人は英語をしゃべるとは教えてくれたけど、あんなに背が高く、大きいとは教えてくれなかった。それに髪の毛もライオンと同じ金色やし、オッパイもあんなに大きいことも教えてくれなかった)

やがて隣の外国人夫妻はアメリカに帰ったが、はじめて見た外国人のオッパイの衝撃はいまも忘れられない。

小学生になり、近所の二歳下の妹の佳子《けいこ》ちゃんと遊ぶ機会が多くなった。

「佳子ちゃん、堤防のそばにできたホテル、見に行けへんか」

ホテルというものが、どのようなものか、なんとなく知っていたが、見たことはなかった。ホテルの前に来ると、

「佳子ちゃん、これがホテルいう泊まるところやで。大きいなぁ」

「うん、すごいわ。でも、こんなところに誰が泊まるの。いくらするのやろか?」

「バス、トイレつきとあるけど、トイレは便所のことやで。それが部屋についているのや」

「バスってなんのこと?」

「そら、乗り物のバスや。泊まるとバスに一日中ただで乗れるのやで。ええなぁ。バスに一日中乗れたら楽しいやろなぁ」

と答えたが、そこがもっと楽しいことをするところだと知ったのはずっと先である。

中学は男女共学で、男子生徒はすでにアソコの毛は生えそろい、女子生徒も胸がふくらみはじめていた。

とくに女子生徒は夏になると、セーラー服が汗でピタッと張りつき、下着が透けて見えた。男子生徒はそのころ珍しかったブラジャーをしている子のうしろにまわり、留め具を引っぱっていたずらした。

体育の時間やクラブ活動になると、体操服に着がえるのは、男女別に互いの教室でしていた。そこで女子生徒の教室をのぞくのだ。うまくいけば、ブラジャーどころかオッパイそのものが見えたりする。すると、アソコがいつの間にか大きくなっている。

ある日、放課後に女子生徒が着がえているのをのぞいていると、

「秀《ひで》ちゃん、なにしているの」

うしろから声がした。ふり向くと、佳子ちゃんがにらんで立っている。

「秀ちゃんのアホ」

そう言うと駆け出し、私は必死で追いかけると、佳子ちゃんは先で待っていてくれた。

帰り道、佳子ちゃんはなにも言わず、ふたりで歌を口ずさんで帰った。当時流行《はや》っていた「いつでも夢を」で、私が橋幸夫《はしゆきお》になり、佳子ちゃんが吉永小百合《よしながさゆり》になった。

佳子ちゃんの手が私の手をつかんだ。心臓がドキドキと音を立てているのが聞こえた。

「秀ちゃん、お願いやから、あんなことはせんといてね」

佳子ちゃんは私を見て言ったが、泣いているのにビックリした。なぜ泣いているのか、私はわからなかった。

その十三の生活も中学生までだった。私の通う高校が十三から遠く、通学に便利な街に引っ越したからである。

高校は丸坊主で、放課後に学校の裏山に集まり、マスタベーションの飛ばし合いをした。行事役は古文の教師で、古文とどう結びつくのかわからないが、

「これはいにしえからある男子の優雅な遊びである。心していたすように」

と教えられ、一斉発射いたしたのである。当時は高校生で、童貞を捨てたという者は少なく、私もその例にもれなかった。

高校も童貞のままで終え、大学生になった。

二年のとき、キャバレーのアルバイトの口が飛びこんできた。しかも以前住んでいた十三のキャバレーである。積まれたビールの空瓶、おしぼりの片づけなどの雑用だが、楽しくて仕方がなかった。

そのうちホステスさんの買い物などの私用を頼まれることも多くなり、けっこう重宝がられた。

そのなかの小夜子《さよこ》さんと親しくなり、彼女が出勤している日は講義もサボり、早めに入店し、仕事に精を出した。

小夜子は店での名前で、年は三十歳をすぎていただろうか。私好みの姉さん肌タイプの女性で、腹がすいているときなど、ラーメンをごちそうしてくれた。

体もグラマーで、なにもすることのないときは、小夜子さんのヌード姿を妄想して、マスタベーションをした。

バイトも終わりに近づき、今度は客として来店し、小夜子さんを指名すると約束した。その約束はバイトが終わると、さっそく実行した。

それでも学生の身分でキャバレーに入るのは勇気がいる。入口あたりをうろうろしていると、お客さんを見送りに出てきた小夜子さんが私を見つけてくれた。

「うわっ、本当に来てくれたの。うれしい」

と、抱きついてくれたではないか。バイトで顔なじみになった店員は変な目で見ていたが、小夜子さんは構わず腕をからませ、店内に案内してくれた。

店内はミラーボールがまわり、バンドが演奏し、専属歌手が伊東《いとう》ゆかりの「小指の想い出」を歌い、フロアでは客がダンスに興じていた。日活《にっかつ》映画の世界がそこにひろがっている。

私は小夜子さんを指名に切りかえ、ビールを注文。酒は強いほうであったが、そのときは口をつけるのがやっとだったと思う。

小夜子さんは体をくっつくように座り、私の太ももに手を置いている。ドレスはチャイナ風で、はちきれそうに小夜子さんの豊満な体を包んでいる。

緊張して、なにをしていいのかとまどっていたが、学校や勉強などの話をしたかと思う。歌が終わり、バンドだけの演奏となり、スローな曲に変わった。

「踊ろうよ」

小夜子さんが誘った。私はダンスなどできるはずがない。

「いいのよ、体をくっつけとけば」

と、私の手を引いてフロアに出た。小夜子さんは私の右手を腰にまわすようにして、体を預けてきた。小夜子さんの乳房が私の胸に当たる。大きい。その瞬間、私のペニスは大きくなった。

小夜子さんは私がそうなっているのがわかったのか、笑いながらさらに下半身を押しつけてくる。ペニスはパンツの中で窮屈そうに行き場をなくし、少し体を動かすだけでも痛くて仕方がない。

ダンスが終わり、席に戻ると、小夜子さんにほかの客から指名がかかった。

「店が終わるころに、裏口で待っていてね」

私は店が終わる十一時ごろまで時間をつぶし、もしかしたら、いや、いるわけがない、担がれているに違いない、そう思いながら店の裏口に行くと、小夜子さんがいた。

「行きましょう」

小夜子さんは来店したときと同じように駆けより、私を引っぱるようにして歩いた。先にはホテル街がある。

(とうとう女の人とデキる。童貞とオサラバや。見破られないようにしなければ)

ラブホテルの部屋に入ると、すぐに小夜子さんを抱きよせた。キスは小夜子さんの舌が軟体動物のように私の口の中を動きまわった。

ワンピースを脱がすと、黒のブラジャーに黒のパンティーだった。

ブラジャーのホックをはずそうとしたが、うまくいかない。ようやくはずすと、挑発するように大きな乳房が飛び出た。手にあまるほどだ。乱暴につかみ、夢中で揉《も》んだ。

（なんというやわらかさだ）

小夜子さんのため息がもれた。

乳首を指で挟み、転がすように舐《な》めながら、パンティーに手をかけた。

「裸になって」

気がつけば、私は部屋に入ったままの格好だ。上着を脱ぎ散らかすと、小夜子さんはしゃがみこみ、私のズボンのベルトをはずし、パンツを一気に下ろした。バネのように飛び出したペニスはビクビク震えている。

「ベッドに行きましょう。コンドームは？」

しまった。コンドームの用意はしていない。

どうすれば、と思っていると、小夜子さんは、

「ここのを使おう」

部屋に用意されていたのを渡してくれた。照明を落とし、パンティーを脱がした。白くたくましい太ももの間に、黒々した陰毛がたけだけしく茂み、指で探ると、ズブズブと中に入っていった。そこは沼地だった。

指の動きに同調するように小夜子さんの声がもれ、腰が上下した。なにかを催促し

ている。

「舐めて」

小夜子さんはさらに大きく股をひろげた。目の前にあるはじめて見る女性器、オ×コ。茂みの奥には赤く割れた秘口が開き、私を誘っているのだ。

私は股の間に頭を埋《うず》めた。クリトリスがどこにあり、どんなものか、そんなものはどうでもよかった。わけもわからず、ひたすら舐めまくった。

「入れて」

小夜子さんが言った。

(そうや、ここに自分のペニスを入れるのや)

ところが場所が定まらない。すると小夜子さんは、ペニスに指を添え、秘口に当ててくれる。私は強引に腰を突き入れた。

「ああ、すごい、気持ちいい」

(いま、女の人の中に入ってるのや。これで童貞卒業やで。あれっ、小夜子さんの中で、なにかが動いている)

その瞬間、しびれるような感覚が襲い、ペニスがドクドクと脈打ち、驚くほどの精液が爆発した。

それはマスタベーションとは比べ物にならないくらいの量と快感だ。

あっという間の早さに恥ずかしく、目も合わせられないでいると、あたたかい感覚が下半身にうずいた。

(口でしてくれている)

フェラチオがどういうものか知っていたが、それを小夜子さんがしてくれている。脳みその奥までしびれるとはこのことや。

「我慢してね」

小夜子さんは爆発寸前のペニスから口をはずすと、私の上に乗った。そそり立っているペニスの根元を持ち、一気に腰を落とした。

ペニスはのめりこむように小夜子さんの中に入っていく。目の前で乳房が大きく揺れる。打ちつけるような腰の上下にペニスが見え隠れする。私もなんとか下から抵抗した。

「そう、そうよ。いいわ、いい」

汗だらけで満ちたりたあと、いっしょに風呂に入ると、小夜子さんはペニスを洗い

ながら、

「はじめてでも上手やったよ、すごく」

小夜子さんはわかっていたのだ。そして、こうも言った。

「でも、もう店に来たらあかんよ」

小夜子さんとはそれが最後になった。本名も聞かずじまいだった。

大学生活も最後になったころである。その年の夏に父が亡くなり、母とふたり暮らしの生活となった。

ある日、家に帰ると、玄関先に女性物の靴が脱いであった。上がると、父の仏壇の前にモスグリーンの洋服を着た女性が手を合わせていた。

「秀ちゃん、久しぶり」

幼なじみの佳子ちゃんの笑顔があった。佳子ちゃんは高校を卒業し、酒造会社に勤めているという。うっすらと化粧をし、ピンク色の口紅を引いた唇は、小悪魔的な顔をいっそう引き立たせていた。

その日、佳子ちゃんは泊まることになり、母と三人ですき焼きをつついた。

最初は佳子ちゃんに気後れしていたが、酒が入ると私は上機嫌になった。ところが、それもトイレに行ったところまでで、気がつくと私は自分の部屋のベッドにいた。

「やっと、起きてきたか」

台所から母の声がした。なんと翌日の朝になっていたのだ。私がトイレから出てこないので見に行くと、便器を抱くようにつぶれていたという。ふたりでベッドまで運ぶのが大変やったと母はあきれていた。

(もしかしたら俺の尻も、アソコも佳子ちゃんに見られたのでは)

と、気になったが、佳子ちゃんは笑いながら母と朝食の支度をしている。

そんな佳子ちゃんも、やがて十三からいなくなった。不況で家の工場がつぶれたらしく、一家で夜逃げしたのではではないかとの噂《うわさ》も流れた。

やがて十数年がすぎ、平凡な会社員になっていた私は、独身生活を楽しんでいた。

そろそろ年齢的に結婚も考えていいと思っていたころ、佳子ちゃんが十三のサパークラブで働いていると友人から聞いた。

幼なじみの消息が気になっていたが、名前を聞くと会いたくてたまらなくなった。

いっしょにはじめてホテルを見た幼稚園のころ、女子生徒の着がえをのぞきみしていた私に怒り、なぜか泣いていた中学の帰り道、家で酔いつぶれた私を介抱してくれたこと、などなど。そんな佳子ちゃんとの思い出がよみがえってきた。私は仕事が終わると、すぐに教えられたサパークラブに行った。

入るとテーブルは満席で、入口近くのカウンターに座った。女性は三、四人いただろうか、どれが佳子ちゃんかわからない。

「秀ちゃん、久しぶり」

カウンター越しに女性の声がしたが、佳子ちゃんと気づくのに少し時間がかかった。

「うん」

「入ってきたとき、すぐ秀ちゃんとわかったよ」

目の前にいる佳子ちゃんは、以前の佳子ちゃんとは違い、まるで別人だ。あのひょろっとした体つきではなく、豊かな曲線を描き、大人の妖艶さを漂わせていた。

店ではあまり話はしなかったが、店に勤めてもう五年近くになり、まだ結婚していないことだけはわかった。

私は暇を見つけては店に通った。ある日、佳子ちゃんから電話があった。

「今日、お店を休むので会えない？」

佳子ちゃんが仕事を休むなどなく、なにかあるのではと私は仕事を切りあげ、待ち合わせの場所に急いだ。

その日の佳子ちゃんは化粧をしていなかったが、気後れしてしまうほど美しさだった。

一度、秀ちゃんとこうしてふたりでご飯が食べたかったのよ、とだけ言い、終わると、どちらが誘うのでもなく淀川の堤防のほうに歩いていた。

佳子ちゃんは私の手を握り、

「秀ちゃんとこうして歩いたの、おぼえてる?」

私は力を入れて、握り返した。

あたりは暗くなっていたが、幼稚園のころにふたりで見に行ったホテルのあたりに来た。営業こそしていないが、ホテルは亡霊のように残っていた。

「ホテルのバスいうたら、ホテル入ったら車のバスの乗り放題券をもらうもんと思っていたなぁ」

そっと顔を見ると、佳子ちゃんは黙って遠くを見ている。

「秀ちゃん、抱いてくれる」

つぶやくように言った。ホテルの部屋に入っても、ほとんど話はしなかった。抱きよせ、服を脱がした。

佳子ちゃんは美しかった。やわらかな唇、ゆるやかなうなじ、豊かな胸、しなるようにくびれたカーブ、熟れた下半身、それらは透き通るようで、手を触れるのにためらうほどであった。

私はいままでの歳月を取り戻すように、佳子ちゃんの体をなぞった。

自分の体が佳子ちゃんの中にすべてのみこまれる。押しよせるような荒波のときもあれば、たおやかなうねりのときもあったが、私はなにひとつあらがうことができなかった。

私は佳子ちゃんの体に弄ばれ、そして果てた。

「恥ずかしい。すごい声、出してたでしょう」

「そんなことはないよ。秀ちゃん、秀ちゃんと名前をくり返してくれていたよ」

私は、裸のままシーツに包まった佳子ちゃんの肩に手をまわし、引きよせると、佳子ちゃんは私の胸に顔を埋めた。

「秀ちゃん、私が小さかったころ、秀ちゃんのお父さんが私を養女に欲しいと言われたの知っている？」

そのような話は初耳である。

「私もあとから知ったけどね」

父は私がひとりっ子で寂しいだろうと思い、そうしたのだろうか。

「というのも、私の母は日本人だけど、父は韓国人なの。秀ちゃんのお父さんはそれを知っていたかどうかわからんけど、そんなこと、気にする人やなかった。でも、気を使って食事に連れてくれはった。行ったこともないホテルのレストラン、ビフテキも食べさせてくれはった。私が高校に入ってすぐに父が亡くなってから、本当に父親のようにかわいがってくれはったのよ」

父がそんなことをしていたなど知らなかったし、母からも聞いていない。

「だけど、もし佳子ちゃんが養女になっていたら、今日のようなことはできなかったなぁ」

「そらそうやね」

「それと、秀ちゃんの家でお母さんと三人、楽しかったな」

その夜の出来事を思い出し笑いしている。

「そうや、佳子ちゃん、聞きたいことがあるのや。トイレで倒れていたのを介抱してくれたとき、俺のアレ、見えたか？」

「うん、見えたよ。お尻も、アソコもぜんぶまる見えやったよ」

「そうか、それなら今日で引き分けやな」

「コラッ、でも介抱していてこのまま秀ちゃんのお嫁さんになるのかなぁ、と思ったよ」

私は佳子ちゃんがいとおしくてたまらなくなり、起きあがると唇を重ねた。

「佳子ちゃん、結婚しよう。妹と違うで。嫁さんや、ええやろ」

私は心をこめてプロポーズした。じっと佳子ちゃんを見つめた。

「ありがとう、秀ちゃん」

佳子ちゃんは幾度も幾度も同じ言葉をくり返した。目に涙があふれていた。

翌日仕事を終え、急いで家に帰り、母に佳子ちゃんと結婚することを話した。母は黙って聞き終わると、静かに言った。

「昼に佳子ちゃんから電話があったよ。いろいろお世話になりました。ありがとうございます、と泣いてはった」

私は母の話が終わらぬうちに家を飛び出し、店に駆けつけた。ママは、昨日で佳子ちゃんは店を辞め、行き先も知らないという。

佳子ちゃんはすべてを終わりにし、いなくなったのだ。母はそれから数年後に亡くなり、私は結婚した。佳子ちゃんは生まれ故郷に帰ったと聞いたが、本当かどうかわからない。

幼いころに見たホテルは取り壊され、十三も大きく変わった。だが、淀川の堤防を歩くと

「秀ちゃん、久しぶり」

と、佳子ちゃんの声が聞こえてくる。

丸刈り、金髪、黒髪

長野県・家事手伝い・四十三歳・女性

私は二十三歳のとき、十六歳の河野裕太《こうのゆうた》から告白された。ともに地元の土建会社の社員だが、私は転職、裕太は高卒での入社で、俗にいう同期の桜だった。

会社では、事務員の私と現場作業員の彼とは、朝夕に顔合わせのあいさつをするくらいで、ほとんど接点がなかった。

そんなある日、裕太から頼まれた。

「現場まで乗せていってほしいんですけど」

「いいわよ。私の車に乗りなさい」

裕太を気に入っていた泉《いずみ》先輩は率先して返事をしたが、

「いえ、自分は相沢《あいざわ》さんにお願いしたいんです」

「えっ、私？」

にらむ泉先輩を尻目に、私は裕太を自分の車に乗せて、現場まで送っていった。その道中、

「相沢さん、今度、同期会やりませんか？」

「いいね……じゃあ、ほかに誰を誘う？」

「あ、できれば、ふたりでやりたいんですけど……」

ふたりで？

一瞬そう思ったが、

「じゃあ、先にふたりでやって、そのあと誰か呼ぼうか」

「はい……相沢さん、楽しみにしてます」

そんな約束をして、後日、私と裕太は近場の居酒屋で同期会を開催した。

学生のころから野球少年だった裕太は、いまでも仲間と続けているらしく、丸刈りだった。身長一七八センチで痩せ型、笑うと目尻が垂れるかわいらしい顔をしていた。

そして、酒飲みだった。

私と裕太は冗談を言い合い、よく笑い、とても盛りあがった。五歳も年下だけど、

こんなに楽しいなんて。

いままで年上ばかりに囲まれていた私にとっては、すごく新鮮だった。

「自分、小柄で細くて、目がぱっちりしていて、髪の長い女の人が好きなんですよ」

酔いがまわってきたころ、顔を赤らめた裕太が、私を見て言った。

「それって、私じゃん」

私はふざけて答えた。

「はい。自分、相沢さんがタイプなんです」

「またまた。お世辞なんかいらないからね」

私がすねたようにそう言うと、裕太は大笑いした。私も笑った。

結局、その日は誰か呼ぶこともなく、その場で解散となったのだが、翌日から毎日、裕太から電話かメールが来るようになった。

今日あった会社での出来事やおもしろかった場面など、他愛のない内容ではあったが、話がとぎれることはなく、私も楽しみな日課になったころ、

「相沢さん、自分とつき合ってください」

「河野くん……」

電話で裕太に告白されたのだ。

いま、彼氏もいないし、河野くんといると楽しいから、つき合ってもいいかな。

「うん、いいよ」

「えっ、マジっすか。すっげえうれしい」

裕太の歓喜する声に、私もうれしくなった。

私と裕太は、彼氏と彼女の関係になっても話をするだけで、抱き合ったり、キスやセックス……そんな状況にまったくならないのだ。

裕太は彼氏というより、もっと近くにいる存在。

そうだ。弟だ。姉弟《きょうだい》じゃ、気持ちも盛りあがるわけないか。

結局なにも発展しないまま、私と裕太は数カ月で自然消滅して別れてしまった。

それから三年。現場の社員どうしで旅行したときの写真が事務室に届いた。そこには丸刈りから金髪染めにした裕太が写っており、胸がときめいた自分に驚いた。

経験を積んだかな。弟からオトコとして意識している裕太と、やりなおしてみたい衝動にかられた。しかし、なかなかきっかけが難しい。

裕太が現場へ直行直帰の日もあるので話すらできない。別れてからは、気軽に電話やメールもできないし、これじゃなにも身動き取れない……。

私がやきもきしていたとき、退職する社員の、全員参加の送別会が開催されることになった。チャンスはこのときしかない。

「裕太くん、久しぶり。お隣よろしくね」

「加奈子《かなこ》さん、久しぶりっすね」

裕太が満面の笑顔で私を見た。写真より金髪の髪が伸びている。土建の仕事で鍛えられているから、体格もガッチリしてる。

送別会は宴会なみに盛りあがり、気がつくと裕太は、酔いつぶれて床に転がっていた。

「裕太くん、大丈夫、歩けそう？」

「大丈夫っす。タクシーを呼んでもらえますか？」

私は裕太を起こすと耳もとで、

「私は飲んでないから、車で送ってってあげる」

「えっ、でも……」

「遠慮しないで、久しぶりに裕太くんとお話もしたいし」

そう言って、自分の車に裕太を乗せた。裕太はずっと笑っていて、ときおりろれつがまわっていないこともあった。

こんなに酔っぱらっていたら、今日の記憶すらなかったりして。早とちりしたかしら……。

運転しながら、そう考えていると、

「加奈子さん、なんでそんなにしてくれるんですか。俺、期待しちゃうじゃないですか」

裕太が困ったような顔でこちらを見た。

「だって……裕太くんをほっとけなかったから」

「加奈子さん、俺……」

裕太の自宅近くで車を止めると、裕太は私の手を引っぱり、思いきり抱きしめた。

そして私たちは、はじめてのキスをした。

これって三年越しのキス？

ちゅっ、ちゅっとする裕太のキスは、バードキスといわれる鳥どうしが口をついばむような連続だった。

なんか新鮮……。

「裕太くん……これからどうする？」

「俺、今日は飲みすぎちゃったから、今度あらためてふたりで会いませんか？」

「そうだね。じゃあ、裕太くんが連絡して」

「絶対に連絡します」

やった……。

裕太くんからノッてきた。

私は後日、裕太から連絡をもらい、ラブホテルに入った。

「三年前は、加奈子さんといられるだけで満足だったんです」

「裕太くん、じゃあ、いまは？」

カラダのラインが出るミニワンピースの私は、裕太に至近距離で顔を寄せた。裕太がキスをしてきた。

ちゅっ。ちゅっ。ちゅっ。

また、バードキスだ。

裕太のキスのくり返しに、私は舌をこじ入れて口の中を探ったり、舌を吸いとった

りすると、

「加奈子さん、激しいよ……ヤバいって」

「なにがヤバいの？」

「俺、すげえ興奮してる」

裕太はそう言うと、自分のチノパンの上に私の手を引きよせた。明らかに股間が膨張しているのがわかったのだが、同時に私は驚愕《きようがく》した。

なに、これ……。

チノパンの上からでも、ペニスがかなり大きいとわかった。

実物はどんな形態なのか……。

裕太は私の胸をまさぐりながら、すぐにスカートの中に手を入れ、ショーツの上からクリトリスに触れてきた。

「あっ、裕太くん……いきなり、そこ？」

「ここ、気持ちいい場所ですよね？」

裕太が耳もとでささやいた。

「加奈子さんがイクまでしてあげるから」

「えっ……そんな……裕太くん……イキそう」

私は一気に昇りつめた。

「やった……加奈子さんがイッてくれた」

裕太が喜んでいる声が聞こえてきた。

「加奈子さん、俺のもしてくれますか？」

私が返事をする間もなく、裕太はチノパンとパンツを脱ぎ、ペニスをあらわにした。

私はそれを目にしたとたん、無意識に目を見開いた。

こんな大きいモノ、はじめて見た……。

根元から、私の握りこぶしを重ねても、先端がはみ出すのだ。恐らく二十センチはあるだろう。

先っぽからは透明な粘液がにじみ出ていた。指でなでまわし、亀頭全体に塗りひろげてみる。

「あぁっ、気持ちいい」

裕太が声をあげ、膨張感がさらに増してきた。

私は先端を口に含み、そのまま口中に沈めてみたが、三分の一ほどで限界。顎がはずれそう。

　こんなんで気持ちいいのかな？

　そう思いながら、残りの三分の二は両手で上下させた。

「か、加奈子さん……」

　裕太が金髪の前髪の間からせつなそうに私を見た。裕太が私を押し倒し、ペニスを挿入してきた。

「うっ……」

　思わずうなってしまうほどの圧迫感が膣内にひろがり、すぐに奥まで届いてきた。

「あっ……あっ……」

　裕太が動くたびに声が漏れる。クリトリスでイッているので十分に濡れているのだが、快楽の前に膣がいっぱいいっぱいな感覚だ。

　裕太くんがイクまで私がもつだろうか……。

　裕太は体位を次々と変え、挿入を続けた。

「裕太くん、気持ちいいわ」

「俺も気持ちいいよ」

裕太が限界に達したのは一時間ほど経過したころだ。

「加奈子さん、イクね」

裕太はペニスを抜くと、まるめたティッシュに射精した。そんな射精方法は、はじめて目にした。

一線をこえた私と裕太は、またヨリを戻した。

もちろん、以前の清い交際ではなく、セックスこみでの交際だ。ようやく、普通のカップルと同じになった。

会社ではほとんど会えなかったので、毎日のメールに電話、週に何回かのデート、そしてセックス……はじめは順調だった。

しかし、私は元来束縛されず、自分だけの時間を優先したいタイプだが、裕太は彼女と常に連絡を取り、毎日いっしょにいたいタイプ。次第にすれ違いが生じて、結局この交際も長続きせずに別れてしまった。

——加奈子さん、俺たちは別れちゃったけど、同期仲間として、これからもよろしくお願いします。

——裕太くん、私もそう思ってたよ。よろしくね。

私は二十六歳で、裕太は二十一歳。盛りあがるのも早かったが、下がるのも早かった。最後はメールでのあいさつだった。

同期の仲間としての交流は続けていたが、たまにふたりで食事をしたり飲みに行ったりしたとき、セックスすることがあった。

「加奈子さん、これってセフレの関係ですよね」

裕太は苦笑いしながらつぶやいた。

「そうだね。別にいいんじゃない？」

そんなセフレ関係がしばらく続いた。

「相沢さん、子会社の総務として異動を検討してください。いやならクビです」

私が三十歳のとき、社長に呼ばれて、こう告げられた。会社がリストラをはじめ、総勢四十人の社員の半数がリストラ対象で、私はその中に含まれた。

左遷されるくらいなら、転職したほうがマシだ。子会社はまったくの別職種。私は即退職を決め、転職をした。裕太はリストラ対象にはならず、そのまま会社に残った。

私と裕太の関係もまた自然消滅となり、数年後に裕太が二歳年上の彼女と結婚したこと、ふたりの子供が生まれたことを同期の滝沢《たきざわ》くんからの連絡で知った。

「裕太くんに、おめでとうと伝えておいてください」

直接裕太には言いづらく、私は滝沢くんにそう伝えた。

新しい会社での仕事、充実したプライベート、日々忙しく過ごしていて、裕太のことはすっかり忘れていた。

四十歳になる夏、滝沢くんから連絡があり、居酒屋で飲むことになった。

「加奈子さん、お待たせ」

先に来ていた私は、滝沢くんの姿を見ると、いっしょに来た相手を見て驚いた。

「裕太くん……」

「加奈子さん、お久しぶりです。滝沢くんが加奈子さんと飲むって言うから、便乗させてもらいました」

家庭を持ったと聞いていたが、裕太はあまり変わっておらず、三十五歳になってむしろたくましくなった雰囲気だった。短髪で黒髪になっていて、相変わらず日焼けもしていた。

「裕太くん、いろいろとおめでとう」

「ありがとうございます。加奈子さんは、いまは？」

「毎日忙しくしてるよ」

「そうですか。お元気そうでよかったです」

そんな会話を交わし、三人で昔の会社での出来事や、いまの状況の話などで盛りあがった。

滝沢くんがトイレに席を立ったとき、

「裕太くん、結婚生活はどう？」

私はなにげに聞いてみた。

「普通ですけど、子供はとにかくかわいいです。加奈子さんは結婚しないんですか」

「うーん、いまはまだ考えてないかな」

裕太は笑いながら、

「加奈子さん、変わらないね。そんな自由なところ、俺はついていけなかったんだけど」

「そっか……仕方ないね」

「でも、俺……」

裕太が少し考えた。

「また、加奈子さんとふたりで会いたい」

「……えっ」

滝沢くんがトイレから戻ってきたので、会話は中断された。私は動揺していたのか、そのあと三人での会話は頭に入ってこなかった。

ふたりで会いたいってことは……そういうこと？

解散後、裕太の言葉の意味を探っていると、裕太からメールが来た。

——加奈子さん、今日は会えてうれしかったです。近いうちふたりで会えませんか。俺、時間作るんで。

——いいよ。時間ができたら連絡して。

そう返信した。数日後、裕太と車で待ち合わせ、郊外のラブホテルに向かった。

前に何回もセックスしてる相手なのに、なんでこんなに緊張してるんだろ。

十年ぶりの再会と、四十歳という自分の年齢もあるのかもしれない。

「俺、先にシャワーを浴びてきます」

裕太はそう言うと服を脱ぎ、浴室へ向かった。その光景を見ていた私は、裕太のあのペニスがすでに勃起しているのが目に入った。裕太ペニスは相変わらず健在だった。

私は確認している自分がおかしくなった。そして服を脱いで、裕太のいる浴室へ向かった。

「裕太くん、私もいっしょに浴びていい？」

「いいですよ」

浴室に入るや、私は裕太の口を吸い、舌をこじ入れた。息をする間もないくらい口の中をまさぐった。

「加奈子さん、相変わらず激しい」

裕太が笑いながら口を離し、ちゅっ、ちゅっといつも定番のバードキスをした。

「裕太くんはいつもこのキスをするのね」

「えっ。俺、いつもこんなんでしたっけ？」

「そうだよ。私はけっこう好きだけど」

私は裕太の胸に顔をうずめた。バードキスもこの筋肉質な腕も胸筋も変わっていなくてよかった。

それにここも……。

裕太の膨張しきったペニスをチラ見した。ベッドに移動すると、裕太は私が巻いていたバスタオルをはぎとり、カラダがあらわになった私を押し倒した。胸にしゃぶりついてくる。

「裕太くん……」

裕太にこんな強引にされたのは、はじめてだ。

「あっ……あっ……」

カラダがすぐに反応しはじめ、声が漏れはじめた。裕太は両手で胸をつかみ、乳首を交互に舐《な》め、たまに甘噛《あまが》みをする。こんな動作は、いままでしたことなかったけど。

「加奈子さん、脚開いて」

裕太が下半身に腕を伸ばし、クリトリスに触れた。執拗《しつよう》に、そこをなでたり押したりをくり返した。

「そこは……ダメ……」

私は敏感に反応して、奥からあふれているのがわかった。裕太はなおも続ける。

この十年の間に、いろんな女性と経験を積んだんだろうな。経験値アップか。

私は裕太のペニスに触れた。はちきれんばかりに硬直している。

「私もしてあげるね」

私は起きあがり、裕太をあおむけにさせた。ペニスの先端からは液が出ていて、手でなでまわした。

「あぁっ……」

裕太がもだえた。その手を根元まで下ろし、片手も同じように先端からなでまわした。握りこぶしがふたつ重なった先から、ペニスの先端がはみ出している。

この巨根に女性たちは歓喜したのかしら。そんなことを思いながら、先端を口に含んだ。すぐに口いっぱいになる。

「加奈子さん、気持ちいいよ」

顎をいっぱいに開けているので、唾液が絶え間なくあふれてくる。口と両手の握りこぶしを同時に上下させる。

「裕太くん、どう。感じる？」

「うん……」

裕太はとぎれとぎれに返事をした。

ダメだ。顎がもう限界……。

私の動きがだんだんと鈍くなってくるのを裕太は感じたのか、

「加奈子さん、したい」

そう言って起きあがると、私に覆いかぶさってペニスを挿入してきた。

「あっ」

あの懐かしい圧迫感が襲ってきた。膣のどこにも隙間がないくらいの圧だ。膣奥にもすぐ到達した。

「うっ……あぁっ……」

裕太が腰を動かすたびに、うめき声のような声が出てしまう。慣れてくるにはもう少しだ。

「私が上になってあげる」

「えっ、いいんですか？」

体勢を変え、私は裕太に上位の姿勢をとる。このほうが自分のいいように動けるし。

私は上から挿入した。圧迫感はあるが、私は角度を変えながら自分の感じてくる位置を探した。

「あぁ、いいっ……」

膣奥の感じる部分はすぐに当たった。私はゆっくり動き、イケるタイミングを逃さないように刺激した。

「加奈子さん、それヤバいです」

裕太が下でつぶやいた。

いま返事をしたら、リセットしちゃう。

私は返事をしないで、刺激を続けた。圧迫感が次第に快感へと変化してくる。

「裕太くん、イキそうなんだけど」

「いいよ、イッて」

「イッちゃう」

私は絶頂がカラダ中にひろがったのを感じていた。今回は少し長いようだ。

落ちついてきたころ、裕太を見た。

「加奈子さん、イッてくれてよかった」

「あれ、裕太くんは?」

そういえば、まだ挿入したままだっけ……。

「今度は攻守交代。俺の番です」

裕太は笑いながらそう言うと、カラダを起こして私の背後にまわり、バックの体勢

から挿入してきた。激しく腰を動かしつづけ、

「あぁぁ、イク」

裕太はペニスを抜くと、そばにあったまるめたティッシュの中に射精した。この射精スタイルは、やっぱり変わっていなかった。私は懐かしい気持ちで眺めていた。

そのあと、お互いに何回か会う予定を計画してみたが、タイミングが合わず、そのまま連絡もとだえてしまった。

時間がたつと、裕太とのことも薄れていき、すっかり忘れてしまっていた。

そんなある日、近所のスーパーで買い物をしていると、目の前を小学生くらいの子供がふたり走り抜けた。

「こらっ、お店の中で走っちゃダメだよ」

父親が子供たちに注意した。隣に母親がいて、その様子を見ている。

あっ……。

父親は裕太だ。奥さんと子供ふたり、家族でスーパーに来ていたのだろう。

いいお父さんしていてよかった。私は連絡がとだえてしまったことに安堵《あんど》した。

もう裕太との関係もこれで終わりね。

清い交際だけで満足していた丸刈りの弟、オトコを意識させてくれた長めの金髪、そして短髪の黒髪でたくましくも落ちついたいま。

変化してゆく裕太を見ていけたのは、楽しかったし、いとおしくもあった。

ふと視線を感じた。レジで並んでいる裕太が私を見ているようだ。私は気づかないふりをして通りすぎた。

後日、裕太からメールが届いた。

――加奈子さん、お久しぶりです。この前、スーパーで見かけました。相変わらずお変わりないですね。また会いたいと思ってメールしました。加奈子さん、都合のいい日教えてください。

腐れ縁……そんな言葉がよぎって、私はメールを閉じた。

雲の上のベッド

大阪府・介護福祉士・五十四歳・女性

シャワーを浴びてぼんやりしているときに親友のヒロから電話があった。彼女とは中学校からの友人で、お互いに知らないことがないくらいのつき合いが四十八歳になっても続いていた。

資産家の娘で美人の彼女はいまもたくさんの賃貸収入があるセレブで、ショッピングセンターで買ったブラウスでも彼女が着ているとブランド品に見える。ブランド品を着ても安物に見える私とはどう見ても釣り合わないふたりだが、ヒロはそんなことは蚤《のみ》の糞《ふん》だと言って笑い飛ばすような姐御肌《あねごはだ》だった。

そのヒロがおいしい店を見つけたと言い、いつものようにランチに誘ってくれた。

私のお給料では行けそうもない高価で豪華なランチをごちそうになり、話に夢中になった。ヒロには大学生のセックスフレンドがいて、昨日はその子と遊んだと楽しそうに話していた。

三十歳近く年下の男の子はいい匂いがするうえ、肌がきれいで新鮮だそうだ。三回も求められて疲れるけれど、かわいいから応じてあげると、うれしそうに話していた。あきれるやらうらましいやら。そんな発展家の彼女はご主人が二年前に一度浮気をしたので、セックスはさせてやらないと言う。自分はツバメを飼っているくせになんと身勝手な。そんなことをするからご主人は私に求めて来るのだ。

ヒロのご主人は一流企業のエンジニアで、私のひとり息子が高校三年生のときから数学を教えてくれていた。もっとも、ヒロがご主人に半強制的に提案し、安月給で母子家庭の私のために無償で家庭教師になってくれた。そのおかげで息子は無事に志望大学の工学部に合格できたのだ。ヒロとご主人に足を向けて寝られない。ヒロの了解を得て家庭教師のお礼にご主人を食事に誘ったが、それがよかったのか悪かったのか。

「なんとお礼を言ったらいいのか言葉がありません」

私のお礼に対し、ご主人は礼を言うのは自分のほうだと言い、息子の家庭教師よりも私に会えるのが楽しみだったと言った。

いきなりそんなことを言われて驚いた。ご主人はそんな巧言令色を使うような人ではないはずだし、私に会うのが楽しみだなんてそんなばかな。

驚いている私を尻目にさらに続けた。ときどき私の顔を見に行ってもいいか、と。きっと私をからかっているのだろう。でも、照れている顔が冗談やおべんちゃらではなさそうだ。

息子がお世話になった手前、むげに断るのも気が引ける。黙っているわけにもいかず、ご主人の言葉の真意をはかれないまま、いい加減に言葉を返した。

「いつでもどうぞ」

でも、もう家庭教師ではないので息子がいるときに来ても困る。それに周囲の目もある。

「じゃあ、ときどきランチでもしますか」

そう言うと、ご主人はうれしそうな顔をしてうなずいた。そんな顔をされても困るけど、爽やかな笑顔につられて私も笑顔を返した。

結局来週もご主人とランチすることになった。ヒロになんと言おうか。二度も家庭教師のお礼だとは言えない。ご主人はときどきと言っていたし、二度で済むかどうかもわからない。

それに変なことになったら……。ランチなんて軽はずみなことを言うんじゃなかった。ばかだな、私は。

翌週、少しの罪悪感を新しい下着とタイトスカートで包み隠してランチに出かけた。新しい下着は身だしなみのつもりでも、移り香を心配して香水をつけなかったのはなぜだろう。矛盾する自分がおかしかった。

食事中は会話が弾み、先週のお礼のランチと違って秘密のデート気分の食事はおいしかったし、時間のたつのが早かった。知的なご主人の話はおもしろく、知らないことをたくさん教えてもらい、自分が成長したようなうれしい気分にさせてくれた。新しい知識が勢いよく吹きこんできて、頭の中が換気できたようで、出かけるときに妙なことを考えていた自分が恥ずかしかった。

こんな楽しいランチなら今回だけではもったいない。ご主人が言ったようにときどきランチしたい気分になった。もう少し会話を楽しみたかったが、食べ終えてほんの少し会話がとぎれたときに、ご主人が私の目を見てとんでもないことを言った。

ご主人の目を見られなかった。聞き違えたのかと思ったが、たしかに私を抱きたいと言った。

口説くときって、言葉のキャッチボールじゃないの？

こんな剛速球を投げるの？

グローブを持っていない私は怖くて受けられない。

さっきまでの健全なランチはなんだったの？

まじめなご主人は、手練手管を使って女性を口説くことを知らないのだろう。こっちだって口説かれなれてないし、目の前で火種のない爆弾が破裂したような感覚だった。

「ヒロに言いつけますよ」

ご主人は覚悟のうえだと言ったけど、二回目の浮気となったら離婚はまぬかれない。ましてて浮気相手がヒロの親友となれば、大変なことになる。

ご主人は覚悟しているかもしれないが、私は新しい下着をつけていながら覚悟なんかできていない。

上手に断る方法は？

でも、このままご主人と気まずくなるのは寂しい気もする。道標のない三差路にさしかかったようだった。

「わかりました。幸司のお礼ですよ」

断るどころか受け入れてしまった。私はどうしたのだろう。息子のお礼を大義名分にしたのがいかにも女の保身らしい。しかし、そんな言い訳はヒロには通用しないことはわかっている。

ご主人は私を性欲のはけ口と見ているのかもしれない。でもまじめな方なので、私をだましたりつらい思いをさせることはないだろう。その安心感がご主人に応じるセリフを吐かせたのだろう。

それにバレーボールをしていた私は大柄でかわいくないし、ご主人はうんざりするだろう。一、二時間、辛抱しよう。

マネキンになっているつもりだったのに、数年ぶりのセックスは新鮮だった。私が飢えていたのだろうか。ないと思っていた性欲を掘り起こされたようだ。

私は三年前に夫を亡くして寂しかったのかもしれない。年がいもない不倫だが、ご主人は私を女にしてくれた。帰りの電車の中の人たちは、私がなにをしたのか知らない。膣は洗ったのにご主人の精液がジワッと染み出そうで、席に座るとスカートを汚しそうな気がして座れなかった。

とんでもないことをした後悔と満たされた喜びが交互に現れ、この先どうすればいいのか考えあぐねていた。今回限りにしなければいずれは修羅場がやってくる。必ずやってくる。私の思考回路が迷走した。

今日はあくまで息子のお礼として、私をさし出しただけのことにしておこう。今日のことはお気に入りのブラウスに取れないシミがついたようなものだ。高かったけど、捨てるしかない。

それに私はヒロのような美人ではないし、ご主人がまた会いたくなるような女ではない。そう考えたのに、帰宅しても多幸感は消えてくれない。ご主人が帰り際に言った「また会いたい」の言葉が耳にこびりついている。

社交辞令とわかっていても「考えておきます」と答えるのが精いっぱいで、断らなかったのはなぜだろう。セックスの大きな快感を知った子宮がそう言ったのかもしれない。

どうしよう。これっきりにして、今度誘われたらきっぱりと断ろう。

夜、ご主人からメールが来た。昼間のお礼と、再会したいむねが書いてあった。

なにを書いて返事をすればいいのだろう。このタイミングでメールをくれるなんてズルい。明日になれば余韻も収まって子宮も黙っているだろうし、頭の中の正義が働いただろうに。

「ありがとうございました。ヒロにバレないようにしてください」

そう書いて読み返したが、ご主人の質問に答えていない。でも、これだけでご主人は察してくれるだろう。

いや、もう会わないと書くべきかもしれない。でも、そう書けば大事な物を失ってしまいそうで書きたくなかった。私はもう少し強い女だと思っていたのに、そうでもなかった。

「再会を楽しみにしています」

快感まみれにされた私は自分にあらがえず、書きたした。アホな女、ズルい女、悪い女などなど、女を嘲笑う単語すべてが頭の中でマスゲームのように色や形を変えて、次々に現れた。

それらはいまの私を見事に形容する言葉に思えた。でも、再会したいのは本心だった。その意味では、私は自分に忠実だった。

その三十分後に、ヒロからメールが来た。例によってランチの誘いだ。またヒロの武勇伝で盛りあがるのだろう。ということは、ヒロも今日は大学生と楽しんだのだろう。

翌日、いつものようにヒロの話を聞いていた。昨日はツバメをSMチックにいじめておもしろかったと笑った。

ヒロはセックスフレンドとの遊びが楽しくて、ご主人のことなど忘れているのだろうか。あんなすてきなご主人がいるのに。

ヒロが羨ましかった。セックスフレンドがいることが羨ましいのではなく、あんなにいきいきしていることに。子供のころから美人だったが、五十手前のいまでも溌剌《はつらつ》さが美貌に拍車をかけている。

ご主人は、毎日一通のメールをくれた。話したりない気持ちもあったが、一通しか来ないのが翌日のメールを楽しみにさせ、明日を待ち遠しくさせるききめがあった。

そんなことは計算していないでしょうけど、私はご主人からのメールを心待ちにするようになった。

私はご主人に惹《ひ》かれているのだろうか。あるいはいままで知らなかった快感を与えてくれた男に、溺れているのだろうか。

この年になって性欲が湧くなんて恥ずかしい。でも、ご主人にまた雲の上に連れていってもらいたい。いけないことと認識していながらも、ランチのお誘いを待っている私はつらかった。

三週間たっても誘いがない。やっぱり再会したいというのは社交辞令だったようだ。残念だけど、もうご主人と会うこともないかもしれない。それなのにご主人から相変わらず毎日一通のメールが届いていた。

もしかして私とのメールをやめたいのに言い出せないのだろうか。私からやめようと言ってあげたほうがいいかもしれない。あの快感を忘れかけているいまが、関係を終わらせる絶好のチャンスかもしれない。明日メールが届いたら、もうメールは不要だと返信しよう。

ところが翌日届いたメールには誘いの文言があり、何度も読み返した。このタイミングで誘うなんて、私の気持ちを見すかされているような気がした。

神戸《こうべ》のしゃれたレストランでランチしたあと、ご主人が山手《やまて》に向かって歩き出した。ずっと歩けばホテルがあることを知っていたが、意地悪をしてどこへ行くのかと聞いてみた。ご主人はあっちと言って歩き、私は黙ってご主人の腕に手をまわした。

ご主人はその日も私を雲の上に連れていってくれた。雲海のベッドは無重力で、ご主人にしがみついていなければ地上に落ちてしまいそうだった。

しかし下界に降りたときには、一転して不安になった。

「あのう、お願いがあります。ヒロには絶対にバレないようにしてください」

ご主人は大きくうなずいた。

「私、ご主人よりもヒロのほうが大事ですから」

私はご主人には溺れないぞと強がりを見せたつもりだが、心の奥底ではヒロにバレずに雲の上の景色を見たいと願っていたのだろう。

この危険な関係をズルズルと続けてはいけないことはわかっている。結婚前は高校の教師だったので、倫理観は人一倍持ち合わせているつもりだ。

なのに、私は……。

困ったことに罪悪感が薄れかけている。ホテルの部屋を出るときに、ご主人が来週も会いたいと言い、余韻が残っている私は迷いながらもハイと答えた。次があるのはうれしいけれど、絶対にバレない保証が欲しい。

帰宅後、ぼんやりとテレビを見ていると、ヒロからメールが来た。いつものランチの誘いだった。セックスのあとでまだアドレナリンが残っているのに、ヒロからの誘いは酷だった。

そういえば、ご主人とはじめてセックスした一カ月前のあの夜にもヒロからランチの誘いがあった。偶然とはいえ、不思議な気持ちだった。

いつものようにランチでヒロの艶話を聞いていた。昨日も大学生と遊んだそうで、若返ったとうれしそうに話していた。

「そんなことして、ご主人にバレへん？」

ご主人は、ヒロには興味がないので詮索もしないし、私が密告しなければバレないと言う。

「あんな優しい人がかわいそうやん」

私がそう言うと、ニコッと笑ってかわいそうでもないと言った。そして、ご主人に彼女ができたらしいと言った。

まさか……バレたの？

ご主人が白状したのだろうか。絶対にバレないようにしてと言ったのに……。

ただでは済まない。狼狽《ろうばい》を隠して聞いてみた。

「彼女が？　笑ってる場合とちゃうやん」

ご主人が楽しそうなので問いつめる気もなく、そっとしておくと言った。

「ヒロは姐御やから、肝が据わってるね」

私の心中は穏やかではなかった。でも、ヒロが詰めよらないということは「ご主人の彼女」は私ではないのだろう。ご主人には私以外の女性がいたのかも。私はふたりめか三人目か。

そんな女遊びをする人にはとても見えないけれど、それはそれで仕方がない。ご主人に文句を言う筋合もないし。ヒロは私がご主人の浮気相手のひとりだとはまだ知らないようだ。だったらややこしくなる前に、ご主人との関係を終わらせよう。

でも、ご主人の浮気相手が誰なのか気になったので聞いてみた。

「で、相手はわかってるの？」

ヒロがニヤッと笑った。その笑顔はなんだろう。ご主人の浮気相手は意外な人だろうか。そう思った直後、もちろんと言った。誰だろう。興味がふくらみ、ヒロの顔色をうかがうように身を乗り出して、聞いてみた。

「知ってる人？」

ヒロがこくりとうなずいて、私の鼻先に指を向けた。そして、ご主人は私に任せると言った。

「任せるって、なに？」

たぶん私は血の気が退《ひ》き、目は宙に浮いて、手足が震えていたと思う。なにを、どこまで知っているのだろう。身がまえた。

レストランの中でみっともない姿をさらしたくないが、いくら親友とはいえ、ヒロは私に怒りをぶつけるだろう。観念した。

「ごめん。ヒロを裏切った」

ヒロがまた微笑《ほほえ》んだ。こんな場面で笑顔なのが恐ろしい。ヒロはなにを言い出すのだろう。私は次の言葉を失って、黙ってしまった。

ヒロが身を乗り出し、私の顔を見ながら、小さな声であのねと言った。不気味な空気が漂った。ヒロは中学のときに、おとなしい女子生徒をいじめた男子生徒を張り倒して謝らせた、正義感の強い熱血姐御なのだ。

ヒロの手が飛んできて、私の頬を打つのだろう。目を固くつぶって奥歯を噛《か》んだ。

なのになにごともなく数秒がすぎたころ、ヒロが小さな声で私の名前を呼び、なにをしているのかと聞いた。

固くつぶった目を開けようにも、まるでまぶたを接着剤でくっつけたかのように、なかなか開かなかった。まぶたの隙間から恐るおそる前を見ると、距離感が合わないまま、ヒロの顔がぼんやり見えた。

ヒロが、なにをしているのと聞いてきた。

「なにって、張り倒すんちゃうの？」

ヒロが声をかみ殺して笑い、

「相手をしてくれてありがとう」

と言った。

ヒロを裏切った私は、その言葉をすぐには理解できなかった。

「どういうこと、私はヒロを裏切ったのに」

ヒロは私の行為は裏切りではなく、ヒロ夫婦を助けていると言った。助けたつもりはない。誘ったのはご主人だが、拒否せずに応じたのだから、軽はずみで泥棒猫のそしりはまぬかれない。なのに助けたなんて、女性特有のいやみだろうか。

「助けたなんて……」

ヒロはセックスレスのご主人がフーゾクに行くか浮気をするとにらんでいたそうで、悪い女に引っかからないかと心配で監視していたらしい。

「ご主人のことはお見通し……さすがに夫婦やね」

ところが、ヒロの答えは違った。ご主人ではなく、私のことはお見通しだと。たしかにそうかもしれない。そして息子の家庭教師を提案したのは、まじめなご主人が変な女にだまされないために、私に近づける作戦だった。だから、謝るのは自分のほうだと、ヒロが言った。姐御肌の経営者ともなると、そんな発想もあるのかと驚いた。

「そんな作戦なら、先に言うてくれたらよかったのに」

また、ヒロが笑った。ご主人に苦労させようと思って、レールを敷かなかったそうだ。

「で、それはいつわかったん？」

一カ月前の、ヒロとのランチで私を見てわかったと言った。はじめてご主人に抱かれた翌日だ。

「私、そんな顔してた？」

ヒロは笑いながら首を大きく縦にふり、長年のつき合いは伊達《だて》ではないと言った。

私はどんな顔をしてたのだろう。男ができた女の顔か。亭主には内緒が山ほどあってもバレないけど、ヒロと私の間には内緒がないし、あってもすぐにバレるので内緒にならないとヒロが笑う。

「ご主人の浮気相手が私でいやじゃないの？」

いやじゃない、感謝していると言う。翻って考えて、私がヒロの立場ならどうだろう。私にセックスフレンドがいて、夫の浮気相手がヒロだったら。

そうか、それでいいのか。それが亭主の操縦術かもしれない。ご主人が私をどう口説いたのかと聞いてきた。

いきなり「抱きたい」とストレートに言われたと告げると、ヒロが大笑いした。一年近く家庭教師で私の家に来ていたのに、もう少し気の利いた口説き方はなかったのかと言い、私の驚きと困惑がいかばかりかと謝った。

無骨な口説き方がまじめなご主人らしいと笑っていたが、下手な口説き方で安心したとも言った。

ヒロはあらためてご主人をよろしく頼むと言い、世間の常識とは正反対だけど、自分にはそれが正解だと、自信に満ちた顔で言い放った。

そんなことを言う女性がいるだろうか。やっぱり姐御だわ。神様はよくもまあヒロを親友にさせてくれたものだ。

「任しとき……私も楽しませてもらうけどね」

ご主人と毎週土曜日にデートし、お弁当を作って朝から夕方までホテルに籠もる日もあった。ご主人の好物や味の好みもわかっている。ご主人が私になにを求め、なにをしたいかも知っているし、精液の匂いも味も知っている。

ご主人は優しいセックスで毎回私を雲の上に連れていってくれる。性欲解消のセックスではなく、思いやりのセックスとでも言うべきか。

私は五十歳近いのに、乙女チックな気分に浸れた。気のせいか肌に艶が出て、垂れていたお尻や乳房にふくらみが戻ったような気がする。

ご主人との関係が半年ほど続き、うしろめたさや覚悟がいらない私は心身ともに満たされていた。当初の優しいセックスから次第に動物的なセックスになり、とまどいもあったが、うれしさと快感が増えた。時にはご主人が甘えてくることもあったし、私に遠慮することもあった。

私のアンダーヘアを剃《そ》りたいと申し訳なさそうに言い、だだっ子の甘えを聞いてあげると子供のように喜んだ。

アナルセックスをしたいと言い出したときはさすがに驚いたが、目を見るとかわいそうになり、応じてあげた。

そんなセックスを知ったおかげで、それまで雲の上でご主人にしがみついていた私は宇宙にほうり出されるようになり、気がつくとご主人が優しく私を抱きしめてくれていた。

その日も抱かれているときに、ご主人が口ごもるように言った。転勤で来月からアメリカに行くことになったので準備などもあり、来週が最後になると。

驚いた。雲の上の景色はもう見られなくなる。いつかはそんな日が来るとは思っていたけれど、こんなに早く来るなんて。来週はお別れのエッチになる。

「じゃあ、来週は思いきり甘えさせてください」

ご主人も私に甘えたいと言ってくれた。帰宅後に届いたメールは感傷的ではなく、いつもと同じだった。さすがだった。

その日は最後のエッチなのに意外にも悲しさはなく、楽しい時間を過ごした。言葉はなかったけど、お互いに再会を望んでいたような気がする。私はご主人の性欲のはけ口だったのかもしれないが、ご主人の愛情をいっぱいもらった。

ホテルを出るときに、ご主人は私にお礼を言った。有意義な時間を作ってくれてありがとうと。最後まで格好いい。こんなステキな人だから別れも悲しくないのだろうなと思い、私も感謝の言葉を返した。

「こちらこそ、ありがとうございました」

それ以外に言葉はなかったし、それで十分だった。

ヒロ夫婦がアメリカに行ってから半年ほどしたころ、メールに夫婦仲が円満だと書いてあった。ご主人にエッチを許可したそうだ。向こうでは品行方正な妻業をまっとうしているとも書いてある。そして日本に帰ったときは、ご主人と遊んでやってくれと結んでいた。

あれから四年、ふたりが帰国したらヒロとランチをして、土産話をいっぱい聞かせてもらおう。でも、ヒロと同じ日にご主人から誘われたらどちらを優先したらいいのかな。もう私の出番はないと思うけど……。

姉への悪戯

大阪府・無職・七十七歳・男性

南国の島国で育ち、高校を卒業して大阪の大学へ進み、メディア関係の会社へ就職して五年目の夏休み。島への里帰りを決行した。私には兄がひとりいて、同年の嫁さんをもらって島で暮らしている。

両親は他界して生家には誰もいない。兄弟ふたりだけの身内である。今回は兄の家に寝泊まりすることになった。空港へは、義姉が迎えに来てくれた。

久しぶりに見る義姉は、色は黒いが、目がパッチリとした巨乳の美形である。

空港から兄宅へは、三十分ほどかかる。道中、久しぶりに見る景色も懐かしく、義姉との思い出話も弾んだ。家につくと、昨年に結婚したらしい義妹夫婦が来て、久しぶりの再会を喜んでくれた。

夕方には兄も仕事から帰ってきて、五人で食卓を囲み、酒盛りがはじまった。もともと兄は酒に弱く、すぐ寝るほうなので、自然と四人だけの宴会になった。焼酎と島料理がとてもおいしかった。みなが上機嫌で話が盛りあがり、時計は十二時を指していた。

兄はすでに寝床について、いびきをかいている。義妹夫婦も泊まることになって、別室へと移った。

そして、義姉とふたりだけになった。義姉も、だいぶ酔いがまわってきたようで、ホッペタが赤く染まってきた。

「ボチボチ寝ましょうか。シャワーでもしてきて。布団、敷いとくから」

私は先に風呂場へ向かった。肌着は変えるように義姉に言われたので、パンツを洗濯機の中に入れようとフタを開けると、中にピンクのパンティーとブラジャーが入っていた。

義姉のものだとわかった。私は恐るおそるパンティーを手に取り、ひろげてみたら、中央部分に縦にシミがついていた。見たとたん、私の息子が反応した。シャワーでは入念に体を洗い、特に肉棒のほうは何回と揉《も》み洗いをしたら勃起してきた。そのとき、義姉が兄の浴衣を持ってきた。

「兄のだけど、これを着てね」

と、風呂場をのぞいた。たぶん、私の肉棒の状態も見られたと思う。義姉はなにも言わずに立ち去った。

シャワーを済ませ、キッチンに行くと、すっかり宴会のあとは片づいていて、焼酎と酒の肴《さかな》の島の漬物があった。

「私もシャワーしてくるから、先に休んでね。妹夫婦も泊まるので、私たち三人はこの部屋で寝るから。手前の布団に寝てね」

と、義姉もシャワーに行った。

私はもう少し飲みたかったので、キッチンに残り、ひとりで焼酎を飲んでいた。浴衣を着ていたが、暑いので帯はせずに袖だけ通していた。義姉がシャワーから上がってきた。

「まだ飲んでるの？　私も」

そう言って、私の真向かいに座った。義姉も浴衣で、正面にいるので谷間がまる見えだ。巨乳のノーブラは、男をムラッとさせる。まるで私を挑発しているようだ。

ふたりで焼酎を飲みながら、ともに私生活の話になり、兄夫婦は子供ができないとのこと、新婚時代には毎日求め合ったが、いまでは月に一回でも多いほう、など義姉はあけすけに話した。

逆に私は、

「毎日でもセックスがしたいほうです」

と伝え、いまの彼女も喜んでいると言ってみると、

「羨ましいなァ……」

と、潤んだ目をしている。

私もついつい作り話で男と女の卑猥《ひわい》な話に持っていき、義姉の反応を見た。目がトロンとしている。そして、義姉は残りの焼酎を一気飲みした。

「朝が早いから、もう寝ようね」

そう告げて、トイレに向かう義姉。私も仕方なく布団に潜りこんだ。三つの布団は、ほとんどくっついている。兄は私の反対側で、向こう向きにイビキをかきながら寝ている。

私は先ほど目にした義姉の谷間や、口もとの色香などを思い出して、肉棒が天を仰

いでいる。ふと、義姉への悪戯《いたずら》をしたくなった。幸いに兄は起きる気配もないし、義姉も先ほどまでの会話で少しは感じているかもと思った。

やがて義姉もトイレから帰ってきて、布団に入る際に浴衣の裾がまくれて太ももあたりまで見えた。なんと色気のあることか。私はなおも悪戯したくなった。

私は義姉の布団に近寄り、耳もとに小声で、

「今日はありがとうね、おやすみなさい」

と言って、耳たぶに口づけをした。

ピクッと義姉の体が反応したのがわかった。そして、私は自分の布団であおむけになり、寝る姿勢を取った。義姉の布団がモゾモゾと動くのがわかり、義姉のほうを見ると、なんと私のほうへ向かって目を閉じている。

私は自然と兄のほうへ目をやると、相変わらず向こう向きに寝ていて起きる気配は感じない。

私は意を決して、義姉の布団の中に手を忍びこませた。すぐに義姉の手に当たった。一瞬ドキッとしたが、手を引っこめることもしなかったので、その感触を楽しんだ。そして、手のひらを探して握りしめた。

義姉が握り返してきた。私は少し体を義姉のほうへ寄せて、片一方の手も布団に潜りこませて乳房を探りあてた。浴衣がはだけて、ナマの乳房に触れる。

アッと義姉が小さな声を発した。それでもなお、巨乳を揉みしだいた。

大きな乳首を自分の指先に挟み、コロコロと擦《こす》りあげると義姉の息遣いが荒くなったのがわかった。まだ、目は閉じたままだ。私は自分の体を下げて、頭を布団の中に潜りこませた。義姉の乳房に顔を近づける。

私はもう止まらない。大きな丘の黒豆を口に咥《くわ》えた。義姉が力強く私の肩を押し戻した。それでも赤ちゃんのように乳房を片手で揉みながら、舌でチロチロと乳首を舐《な》めまわした。

義姉の息遣いが、すごく伝わってくる。私はもう一方の手を下半身に伸ばして、下着の上から恥丘へと進めた。

義姉が必死に声を殺しているのがわかる。義姉が私のほうを向いて横向きになっているので、足を開かせるのは難しかった。

私は下げた手をもう一度、乳房のほうへ移動させ、両の手で乳首を揉んだり、舐めたりで責めまくった。

ずっと布団に潜っていたので、息苦しくなって顔だけ外へ出した。義姉をのぞくと、必死に歯を食いしばっている。

「ダメッ、ヤメテェ」

と、声は出なくても口の動きでわかった。そして、私の手を強く押しのけた。私はしかたなく揉むのをやめた。そのままの状態で義姉の手を握っていると、すごく汗ばんでいる。

私は自分の体を上げて反らせ、男根を義姉の手が届く位置まで移動させた。義姉の手に男根を押しあて、強引に握らせた。私の肉棒は、カチカチで熱くなっている。いまにも射精しそうな状態だ。先走りの液が出ているのがわかる。

きっと義姉の手にもついているはずだ。義姉を見ると、口が半開きになっている。片方の手をときおり口に持っていき、声が漏れないように耐えているようだ。

私は性交まで行きたい気持ちだが、ここではできないし、義姉もさせてはくれないだろう。

もう、我慢の限界だ。握ってくれている義姉の手をどかして、顔へ近づき、キスをした。ディープキスをしようとしたが、固く口を閉じたので断念した。

にじりよって軽く口づけて、耳もとへ小声でささやく。

「自分で処理するね。見ててくれる？」

布団をはねのけて、あおむけになり、枕もとのティッシュを取って、わが肉棒をしごく。義姉は見てくれている。限界に来ていた肉棒は、自分の手の中でコチコチになり、すぐに果てた。

義姉はなにも言わず、目が合ったら軽く笑みを浮かべていた。そして、互いに眠りについた。

台所で義姉夫婦の会話が聞こえて、目が覚めた。ちょうど、義妹夫婦が帰るところだったようだ。外で車のエンジンの音がした。兄は、すでに仕事に出かけたようだ。

ふと、昨夜のことが思い出され、わが男根が朝立ちをした。

昨夜の続きがしたい、必ず起こしに来るだろうと、作戦を練った。いまのうちに布団の中で肉棒をしごきはじめ、コチコチに勃起させた。布団から片方の足だけ出して、愚息が見えるか見えないかの状態で寝たふりをしていた。

もちろん、パンツははいていない。浴衣も帯はしていないので、ほとんど裸の状態だ。義姉が部屋に入ってきた。

「トミ君、起きて……朝ごはんできたよ」

私の顔の前に立つ。少し顔をずらしたら、スカートの中がのぞける位置だ。ウーンと背伸びをして、足で布団をはねのける。もろに肉棒が天を衝《つ》いて現れた。ここまでは作戦どおりだ。

「今日は墓参りにふたりで行こうね。畑も寄りたいし……えっ」

義姉がびっくりした声を出して、私のまる出しになった下半身を見つめている。私は仰向けのまま、義姉の足首をつかみ、

「義姉さん、座って」

と、強引に目の前に座らせた。

そして膝の上に頭を乗せ、下から見あげるかたちで手を自然に両乳房に持っていった。下から乳房を揉みしだく。

「トミ君たら、ダメよ」

と言いつつ、両手で私の頭を撫でている。いまの状況は、義姉もその気になっている。間違いない。

「義姉さん、好きだよ。いいだろう」

その場に倒して、上にまたがった。そして思いきり口に吸いついて、舌も入れて歯茎の裏から口中を舐めまわす。義姉のぬるっとからんできた舌を吸いあげた。

「ウン、アッ……」

義姉が下から私の首に腕をまわして、思いきり抱きついてきた。私は浴衣を脱ぎ、裸になった。そしてカチカチになった肉棒を、スカートの上から秘所めがけて何回となく打ちつけながら、両手で乳房を揉んだ。

義姉は自分から足を開きぎみにして、腰を左右にふり、受け入れ態勢にある。まずは上着だけを脱がす。大きな乳房が現れた。本当にデカい。私の手にあまって、手のひらで乳首をコロコロと撫でたり揉んだり。そのたびに義姉の手にも力が入って、私の体に爪を立てる。

私は体を義姉の股間に移し、スカートを脱がしてパンティーだけにした。島の女性はパンストをはかないのか、義姉は素足だった。もう一度、乳房から全身を舐めまわした。

「アァッ……感じるゥッ」

全身を震わせながら、吐息を漏らしている。私は手をパンティーにかけ、デルタ地帯を撫でた。手にゴワゴワした感触を感じる。

剝ぎとってみると、ものすごい剛毛だった。

パイパンは見たことがあるけれど、ここまで剛毛の女は見たこともない。義姉はぜんぜん気にしている様子がない。いくら島の人は毛深いといっても、これほどとは思わなかった。いっさい手入れをしていない。

私は顔を秘所に持っていき、また驚いた。陰裂のまわりも、ギッシリと毛に覆われている。

愛液はたっぷり出ているが、膣口がどこなのか、陰唇を両手でひろげた。赤い膣口が見えた。愛液たっぷりで、まずは中指で肉芽を責めた。全身を硬直させ、あえいでいる。

今度は舌で、勃起した肉芽を弄んだ。

「あぁ、イクゥ、イッちゃう……ダメよ、ダメ、こんなのはじめて」

義姉は腰を上下に波打たせ、両足で私の顔を挟みつける、何度も、何度も。そして、

「いいわ、こんなのはじめてョ、はじめて……」

とくり返した。

私は、肉棒を舐めるように頼んだ。体を入れかえ、私はあおむけに寝て義姉を股間に座らせた。先走りの液を舌でチロチロと舐め、カリ首のほうも何度となく舐めてくれたが、なかなか口に入れようとしない。いまのままでも気持ちいいが、口に咥えてほしい。義姉の頭に手を置き、肉棒へと押しつけた。

「グゥッ、オエッ……大きくて口に入らないョ」

それでも何回となく、くり返していると、ようやく口で咥えてくれた。

テクニックはないが、満足であった。義姉はしっかり本気モードで、自らの両乳房で肉棒を挟んで上下にしごいた。

「あぁ、硬い、すごいすごい……トミ君の、熱い。アァ、もうダメ……」

私の上に覆いかぶさる義姉を寝かせ、ふたたび股を開かせて、陰裂から出ている愛液に指を湿らせて、膣口に挿しこむ。

「アァ、イヤッ……」

喘ぎ声がいちだんと大きくなった。深く浅くをくり返し、責めつづけた。もう私も我慢の限界が来ている。足を大きく開かせ、粘液でぬめった膣の中へ男根を滑りこませた。

「義姉さん、入ったよ。気持ちいいよ」

「アァ、私もいい。久しぶり。いいわ……当たってる……奥まで来てる……すごい、すごい、熱い、ダメッ」

下から強い力で私に抱きついて、背中へ爪を立てている。

「ハアッ、ハアッ……イィ」

全身を硬直させている。結合部分を見ると、恥毛がテカテカに輝いて、黒光りしている。

ぎっしり生えている剛毛で痛くないか心配だったが、すんなりと男根を挿入できた。下からは義姉の締めつけがきつい。

愛液の量が多いので、締めつけられても抜き挿しはできた。九浅一深の技で緩急が織りなす快感は最高である。

今度は挿入したまま体勢を変えて、騎乗位にした。

腰の上で上下運動をする義姉を下から見ると、すごい汗をかいている。義姉が上下運動をするたびに、ピチャピチャと粘液の音が響く。

「義姉さん、入ってるところが見えるよ。見てごらん」

「イヤン、恥ずかしい……あぁ、奥に当たる。奥まで入ってくる。気持ちいい。あぁ、イクよ」

義姉は挿入したまま私の上にもたれかかった。私は、今度はバックから挿入した。

「ヒィッ」

悲鳴を発した。外に聞こえるのではないかと心配するほどだ。バックから男根を打ちつけ、腰をつかんで浅く深くと緩急をつけて責めた。

「もうダメッ。すごいわ。また、イクゥ」

「ああ、僕もイクッ」

「そのまま、私にちょうだい。奥に出して」

義姉の一声で、私は思いきり腰に手を当て奥深くにドクドクと射精した。義姉もそのまま腹ばいになり、私も義姉の上に重なった。

しばらくして、ふたりとも横になり、抱き合って休んだ。義姉の話だと、夫婦関係はこの三カ月ほどないとのことだった。

だから、私が里帰りすると知ったとき、

「もしかしたら、間違いが起こらないかなぁと思った」

と言う。それで、義姉はそれらしきモーションをしかけてきたのだろう。一戦が終わって、私はシャワーへ行き、義姉はみそ汁を温めた。朝食をいっしょに食べ、今日のスケジュールに移った。私が運転して出発する。

まずは私の生家へ立ちより、懐かしきわが家を見た。庭の木も大きくなっていた。三十分ほどで家を出て、墓参りに向かう。

懐かしい中学校の前を通ったとき、ふと中学時代に思いを寄せていた女性を思い出した。彼女の現状を義姉に聞いたら、島で生活していて、子供はふたり、ご主人は本土のほうへ出稼ぎに行っているとのことだった。

久しぶりに会いたいと思った。

墓参りを終えてしまえば、あとは別に用事がない。観光スポットのムシロ瀬《ぜ》にふたりで向かうことになった。

私は車を走らせながら、

「今朝は最高によかったよ。義姉さんが兄貴とつき合ってたときから、気になってたよ」

などとまくしたてた。大阪の生活で身についた、女性への口説き文句を並べたてた。

島の人間どうしの恋愛では、誰も使わない口説き文句だと思う。義姉の頬が少し赤らんだ。

私は運転しながら左手を義姉の太ももに置いた。そして、軽くこすりながら走った。自然と、義姉の手が私の手に重なった。

車はベンチシートなので、義姉は体全体を私のほうに寄せてきた。私もまた調子に乗って、伸ばした左手を義姉の股ぐらに持っていき、スカートの上から恥丘をこすった。

「ダメよ、危ないから」

と、私の手を払いのけようとしたので、その手をそのまま私の股間に持っていき、ズボンの上から肉棒を握らせた。

「えっ、こんなになってる」

私が手を放しても、義姉は肉棒を握ったままだ。カチンカチンになった肉棒は、ズボンの中で痛いほどに勃起している。

この時期は十二月から四月にかけて収穫するサトウキビが身長よりも高く伸びている。あたり一帯がサトウキビ畑である。

私は脇道に車を止めた。

「なに、トミ君。ムシロ瀬に行かないの？」

「明日帰るから、もう一度義姉さんを抱きたい」

「えっ、こんなところで？」

「誰も来ない。我慢できない」

私は窮屈な姿勢でズボンとパンツを脱いだ。さすがに義姉まで裸にはできないので、パンツだけ剝ぎとった。後部座席に移ると、

「トミ君、下になって」

すっかりその気になった義姉が、主導権を握っている。自ら積極的に片手で男根を握り、膣口にあてがうと、義姉がグイッと腰を下ろして上下運動に入った。

「アァ、すごいわ。気持ちイィ」

自分の手で上着を脱ぎ、大きな乳房を揉みながらあえいでいる。スカートはまくりあげたまま、剛毛がはっきり見える。

義姉が上下運動するたび、陰裂からのぞく愛液でテカテカと光る男根がはちきれんばかりに張っているのを自覚する。

もう限界に来ている。

「義姉さん、もうダメだ。出るよ」

「チョット待って」

そう言うと急に、いきり立つ肉棒を愛液まみれの膣口から抜いた。そして、なんと口に咥えて舌先でチョロチョロと舐めはじめた。さらに唾をかけて、手で上下にしごき出す。

「義姉さん、もう出るぅ」

私の声であわてて口を持っていき、片手でしごきながら口の中に出しなさいと言わんばかりに、スピードを上げていく。

「出る……イクゥ」

私は義姉さんの頭を押さえながら、思いきりマグマを放った。

「ウゥ、グゥ」

ゴックンと、飲みこんだ音が聞こえた。

「義姉さん、ありがとう。まさか、口で……」

「思い出に、トミ君のを飲みたかったの」

今度はお返しする番だ。シックスナインのかたちで私の顔の前に、粘液で湿った湿地帯を持ってくる。私は恥丘の肉芽を弄んだり、ぬめった膣の中へ指を入れ、緩急をつけて出し入れした。

「アァッ、イイ、イクゥ」

義姉は全身を硬直させ、果てた。軽く痙攣《けいれん》しながら、ハアハアと荒い息遣いで動かない。女の匂いが、愛液でキラキラと輝く剛毛から漂ってくる。

車の中で、クーラーはつけているとはいえ、炎天下での情事。ふたりとも、汗びっしょりだ。

ムシロ瀬に行くのはやめて、畑でスイカとパイナップルを採って帰った。この時間なら兄も帰ってくることはないし、田舎だからほかに訪ねてくる人もいない。

義姉は家につくなり、シャワーに行った。私もいっしょに入りたかったが、車からスイカやパインを出して冷やす準備をした。

屋内に入ると義姉がシャワーから出てきたが、なんとスッポンポンで目の前に現れた。タンスの前に行き、裸のままでパンティーを手にしている。

私は圧倒された。

女性って強いな。いまは、まるで夫婦みたいな光景だ。なにも隠さず、堂々と歩きまわる姿を見て、自分が計画していた悪戯は必要なかったと思った。

最初から、堂々と行為をすればよかったのだ。義姉も最初からその気だったわけだし、最初から口説いておくべきだった。それでも今日だけで二回もしているのだから、満足ではある。

夕方に兄が帰宅して、三人で食卓につき、明日に帰ること、これからのことなどを話した。兄はのんきに酒を飲んでいるだけで、義姉と私の間のことなど疑いすらしていない。

この日も三人で雑魚寝《ざこね》したのだが、さすがに昼間にさんざんしているので、おとなしく眠った。心地よい疲労感で、ぐっすりと眠ることができた。

翌朝、兄が仕事に出たあと、飛行機の時間までまだ余裕がある。最後にもう一度義姉を抱きたくなって、台所で洗い物をしているうしろから爆乳を揉んだ。

「また……ダメだよ、もう……」

口では拒否しながら、体はしなだれかかってくる。スカートをまくってパンツを剝ぎとり、バックからいきり立った男根を突入させていく。

すでにびしょ濡れの義姉は、腰を大きくふる。滑らかに吸いこまれていく男根。

「アアッ……ダメ、すぐイクッ、もうダメ、ダメ」

あわただしく腰をふる。義姉の剛毛が根元にからみついてくるようだ。愛液と空気が混ざり合った匂いが立ちのぼってくる。

台所の洗い場に両手をついたまま、義姉が膝から崩れ落ちるのを支えながら、さらに腰の動きを加速させていく。義姉に悪戯するつもりで来たのに、最高のおもてなしを受けた。

空港までの車内で、義姉は言った。

「いい思い出になったわ。ありがとう。いつまでも元気でね。また遊びに来てね」

義姉の言葉に、私も涙が出た。

兄貴よ、ゴメンな。そして、義姉さん、ありがとう。

最高の無花果

大阪府・会社員・五十八歳・男性

俺は輸入車が大好きだ。月末に発売される二冊の雑誌を見るだけで、心を満たしていた。

その雑誌のおかげで、違う楽しみも見つけた。いつも行く本屋で、ある女性店員を見ているだけで笑顔になれた。

まだ携帯電話も一般にそれほど普及していない約二十年ほど前。三十代後半だった俺は結婚をし、平凡なサラリーマン生活を送っていたときの話だ。

雑誌を買って帰ると、一カ月が終わってしまう。だから、ほかの本を探すふりをして、いろんな方向から彼女を見ていた。

小柄で細身の彼女は、茶色のポニーテールが特徴だった。

「いらっしゃいませ」

店の中に響く彼女の声は、キンモクセイの香りがしてきそうに思え、心地よかった。

俺は、いつも彼女がレジに入るのを見てから、支払うようにしていた。

「ありがとうございました」

心の中で……また来月くるわ。

これだけの楽しみだった。

次の月末が来た。いつものように雑誌を買いに行った。

「いらっしゃいませ」

そう、この声だ。香りがする。その日は、ほかの本を見ていると、入荷した本を並べに彼女が俺のほうに来た。

「お客さん、今日は車の雑誌じゃないんですね」

彼女は笑顔で話しかけてきた。

「いや、たまにはパソコンの本でも買おうかと思ってね」

とっさに嘘《うそ》をついた。いつも、車の雑誌を買っていることを、覚えてくれていただけで、うれしかった。

今月はひと言だけでも話せた収穫があったから、雑誌を買って店を出ることにした。

本棚に雑誌を取りに行くと、片方が売りきれていた。

「今日発売の『ル・ボラン』は売りきれ？」

そのとき追加で入荷してもらえば、一カ月を待たなくても店に来る理由ができる。

俺はふと、そう思った。

「ここに取ってあります」

彼女は、取りおきしてくれていた。

「あっ、ほんまに。ありがとう」

また、彼女と話せた。うれしい気持ちと、残念な気持ちが重なった。

「あと一冊だったので、お客さんがお越しになる日なのに売りきれてしまうから取っておいたんです」

「助かった。ありがとう」

「さっき、言えばよかったですね。これからは、毎月取っておきましょうか？」

「じゃあ、そうして。俺は山口《やまぐち》です」

一カ月に一回だけの、彼女を見られる楽しみは、これで終わりを迎えた。

雑誌を買ったあとは、いつものように近くの喫茶店でコーヒーを飲みながら、その雑誌を見るのがルーチンだ。

喫茶店に入り、買った雑誌を取り出すと、高野《たかの》と書いてある付箋がついていた。なんでもない会話をしたのと、苗字《みようじ》がわかっただけなのに、彼女のことを考えてしまう。ただ、見るだけでよかったのに……。

一カ月に一回、本屋に行くだけなのに、胸の高鳴りを感じながら緊張している。しかし、彼女はいなかった。ほかの店員に尋ねる。

「すみません。山口ですが、雑誌の取りおきをしてもらってるはずなんやけど」

「少し待ってもらえますか……すみません。取りおきはないそうです。担当は誰ですか？」

「茶色のポニーテールの小柄な子や」

「高野ですね。今日は、お休みなんです」

「ほんだら、棚から取ってくるわ」

残念。一カ月先まで見られへん。

店を出て、いつもの喫茶店に行って、帰るしかないと思った瞬間、

「キッキーッ」

自転車のブレーキ音が聞こえた。

「山口さん、すみません」

彼女だ。俺に駆けよってきた。

「今日はお休みだったんです。出先で、店長に伝言を忘れたのを思い出して、あわててお店に来たんです」

「本は残ってたから、ちゃんと買えたよ」

「よかったぁ」

「わざわざありがとうな」

彼女を見るだけで満足していたのに、それだけでは物足りなくなってきていた。

黒のパーカーに、白のデニム。大学生のように幼く見えた。いつもはエプロンをしているので、あまり胸は見ていなかった。ええ乳してる。

「近くの喫茶店行くけど、よかったらいっしょに行く？」

「行きます……って、言いたいのですが、どうしても帰らないといけない用事があるんです」

「そっかぁ、気にせんといて。お礼のつもりで、誘っただけやから」

一カ月がすぎた。

今月も彼女が店にいない。気落ちして雑誌を買って外に出ると、なんと俺の車の横に彼女が笑顔で立っていた。

「こんばんは。コーヒー飲みに連れていってもらえますか？」

「はい。喜んで」

季節は初夏。真っ白な長袖のTシャツに、黒のミニスカート。動揺している股間を隠すようにして彼女を車に乗せ、喫茶店に入った。

彼女はストレスがたまっているのか、マシンガンのようにしゃべりつづけた。名前は優子《ゆうこ》といい、幼く見えたが、三十五歳で独身だった。寝たきりの母親の面倒を見ながら、本屋で働いていた。

苦労を背負っているのに、楽しく話せる彼女が、いとおしく思えてきた。

「俺……ずっと、優子さんを見るために、あの本屋に行ってたんやで」

「えっ、そうなんですか。うれしいです」

「じゃあ、また来月買いに行くね」

「一カ月後なんですか?」

「ほんだら、一週間後はどう?」

「はい。お休みもらって待ってますね」

帰りの運転中、俺の頭の中は彼女とのエッチな想像でいっぱいになり、勃起がおさまることはなかった。

約束の日、オフホワイトのフワッとしたセットアップ姿で、彼女は待っていた。ミニスカートが、すごくかわいく見えた。でも、胸もとが広く強調されている。

よっぽど、ええ乳してんやろなぁ。

車に乗せ、横を見ると胸もとを見てしまう。薄いベージュのブラが見えた。だめだ、血液の集合がかかった。

勃起……向きが悪いから痛い……しかたなく路肩に止めた。

「ちょっとごめんな」

車の異常を確認するかのように、後方に行ってジュニアの向きを整えた。もう、ビンビンになっていた。

「ごめん。なんか、うしろで音がしたから、見てきたけどなんもなかったわ」

彼女は笑いをこらえていた。

「どうしたん？」

今度は、大声で笑い出した。

「どうしたんよ？」

「正直に言ってもいい？」

「ええよ」

「勃《た》ってますよ」

「しゃあないやん。乳、見えるんやもん。今度は、見えへん服にしてくれる」

「私、喜んでもらえるかと思ったのにぃ」

「ごめん。俺が悪かった。ほんまは、むっちゃうれしいんやで。恥ずかしいけど、ほんまは先週から勃ちっぱなしやねん」

彼女は俺の左手をつかみ、自分の左乳を服の上から触らせた。

「あかんって」

「喜んでもらえない？」

「ええんかぁ」

「どうぞ。胸を触られるのが好きなんです。もちろん、誰でもいいわけじゃないですよ」

「うっ、うん。でも、順番ってあるやん？」

「順番って？」

「まだ、キスもしてないやん」

信号待ちで、俺の口にキスをしてきた。

「ビックリしたぁ」

「これで、順番成立」

また俺の左手を取り、今度はブラの中に入れて、ナマ乳を触らせた。

俺は運転しながら触りつづけた。

触りづらいのを把握したのか、俺の左足を枕にして、横になってくれた。左乳が触りにくくなったから、右乳を触り出した。

感じている様子はなかった。

今度は彼女がジュニアをズボンの上からさすり出した。

「すごい元気ですね」

「そらそうやろ。おっぱい触ってんやもん」

ズボンのファスナーを開け、手を入れ、パンツの上から触り出した。

「あかんって」

「いやですか?」

「いやじゃないよ」

「パンツ、濡れてますよ」

笑いながら、おしっこする窓口を開け、ジュニアを引き出し、指先でツンツンして、その指についているカウパーを味見をしているかのように舐《な》めた。

「やっぱり、すごく出てますよ」

今度は、ジュニアを舌で舐めはじめた。

気持ちええ。舌遣いがむっちゃうまい。

「俺、最近してないからイッてまうで」

「いいですよ」

路側帯に止めようとした瞬間……。

「あっ」

イッてしまった。

「ごめん。ティッシュはうしろにあるから」

ゴックン。

飲みほした。

「やっぱり、おいしかったわぁ」

「ありがとう」

彼女は大きな仕事をなしとげたかのように、シートを倒し、横になった。もう遠慮なく胸もとから手を入れ、ナマ乳を触り出した。乳首をクリクリしても反応がない。

あれっ？

眠っている。触っていない場所がある。スカートをそっとまくりあげると、パンストははいていない。俺は起こさないように、そっと手を入れた。

パイパン。

そのまま割れ目に、指がたどり着いた。ビッチョビチョで、洪水状態だった。もう食事なんてどうでもいいから、ラブホテルに直行した。ホテルの駐車場で起こした。

「着いたよ」

「えっ。私、寝てました。すみません」

「いいよ。疲れてるんやろ」

「はい。ここは？」

「ホテルの駐車場」

「お願いです。今夜だけは許して」

半泣きで言われるとしかたがない。

「じゃあ、諦めるわ」

「本当にごめんなさい。あなたに抱かれたくないわけじゃないの」

「ごめん。俺、もっと優子ちゃんの気持ちを考えればよかったね」

「そんなんじゃないんです。本当は、あなたに抱かれたかった」

「じゃあ、なんで？」

「それは……来週、会えますか？」

「また会ってくれるの？」

「はい。喜んで」

来週の約束をして、車を降りて自転車で帰っていく優子を目で送った。

一回は発射したものの、もんもんとした気持ちのまま、自宅に向かった。ベッドに入り、触感のいい乳を思い出したり、パイパンを想像するだけで、エレクトしてきた。その夜は想像で、自分で慰めた。一週間は長い。毎晩、優子を思い浮かべては自分ではき出した。

やっと会える日が来た。

「お待たせ」

と、車に乗ると彼女は、

「あれっ、もう勃ってる？」

「優子ちゃんのことを考えてたら勃つねん」

「優子って呼んで」

ファスナーを開けて引き出した。

「もう、しかたのない子ねぇ」

そう言いながら、舐めはじめた。

もちろん俺も、ナマ乳を触っていた。

「ごはん、行く？」

「行かない。私を食べてくれますか？」

「ええんか？」

「はい。抱いてほしいの」

「どの部屋にする？」

「どこにしようかなぁ？」

探している優子の横顔が、殻をむいたゆで卵のように見え、ほっぺにキスをした。

「もう」

そう言いながら、真っ赤になった。

車の中では恥ずかしがらずに咥《くわ》えるくせに、ほっぺにキスしただけで恥ずかしがるんや。女って、わからんわぁ。

部屋も決まり、エレベーターに乗り、俺はうしろから抱きついて、ナマ乳を触った。

「いやん」

本屋で聞いていた声を思い出し、全身に鳥肌が立った。部屋に入ると、飼主を待っている子犬のように、抱っことキスをねだってきた。そして、

「お風呂、いっしょに入りましょう」

「うん」

優子は俺のシャツを脱がせながら、乳首を舐めはじめた。そのまま、ズボンのベルトをはずし、ファスナーを下ろして脱がせた。膝をつき、パンツを脱がせようとして……。

「こんなに大きくなってくれてありがとう」

ジュニアにあいさつのキスをした。

「そこに座って」

ジュニアで遊びはじめた。

「あとでええよ。お風呂、入ろうよ」

優子は、まじフェラで、俺はすぐにイカされた。

「今日もおいしかったぁ。じゃあ、お風呂に入りましょう」

「うん、ありがとう。脱がしたるわ」

「私は自分でします。男は、そんなことしなくていいの」

それも、ひとつの楽しみなのに……。

優子はフーゾクで働いていたのか。

そんなことを考えながら、湯船につかっていた。

「お待たせ」

タオルで隠しているが、お宝のおっぱいは立派なものだ。

「上がってきて、ここで横になって」

エアマットの上に俺は寝かされた。優子は、体を覆っていたタオルを股間に置いた。

はじめて、ナマ乳を見た。優子のナマ乳を例えるとしたら、サンプル食品のような、きれいなおっぱいだった。

「お客様、体を洗わせていただきます」

「あっ、はい。お願いします」

やっぱり、フーゾクで働いていたんだ。

「あっ、私がフーゾクで働いていたって思ったでしょう？」

「……うん」

「働いたことなんてありませんよ。冗談で言ってみただけです」

優子の冗談には笑えなかった。

洗ってもらいながら優子の話を聞いていると、男を選ぶときは精液の味で決めるらしい。俺は選ばれたふたりめだそうだ。

優子は体を洗っているが、股間を見せないようにしていた。

「そろそろ上がりましょう」

「湯船に入らなくていいの？」

「うん。そのまま待っててね」

優子が先に上がり、体を拭いていた。

「どうぞ」

きれいに俺を拭いてくれた。

「ねぇ、抱っこしてくれる？」

「喜んで」

抱っこしているときも、右手でジュニアを握っていた。

「あのね、お願いがあるの」

「なに？」

「私、ナマでしかいやだから、中出ししてね」

「妊娠したらどうするの？」

「ちゃんとピルのんでるし、あなたには迷惑かけないから」

俺は、優子の言うとおりにした。

「抱いて」

俺が好きになったのはこの声だ。

股間に顔を近づけると、パイパンの下には、まわりは白く中央部分が赤く見え、まるで無花果《いちじく》のようだった。優子の無花果には、よけいな毛もなく、中央部分を舐めると、甘くていい香りがした。

なぜか、おいしく思った。優子は、声をほとんど出さない。

挿入するときに顔を見た。目は閉じているが、私はこの世にはいません、と言っているような笑顔だった。

雲にでも乗っているかのように……。

俺は言われるままにナマで挿入して、中で出した。流れ出る様子は、無花果から最高に甘い蜜があふれているようだった。

「ああっ、気持ちよかったぁ」

「ひとつだけ聞いていい？」

「陰毛がないことでしょ？」

俺はうなずいた。なぜ、わかるのか。

「それは、あなたの邪魔にならないように」

なぜか納得してしまった。

優子は連絡先も名前も俺に聞かない。結婚していることも知らないはずだ。

「また、来週会えますか？」

「喜んで」

俺の邪魔に……。

そのひと言が、頭から離れなかった。そのあとも、優子と会いつづけた。

「今夜も抱いてくれますか？」

優子はいつも、キンモクセイが香るような声で言ってくる。

生涯、優子と過ごす時間を超える幸せなど存在しないことが、身に染みてわかることになるとは想像もしなかった。

最後の夜。

「来週は会えないので、次の月末にお店で約束しましょうね」

「どうかした？」

「ちょっとした用事」

なんの疑いも持たず、聞き入れていた。それから二週間ほどがすぎ、月末が来た。

なぜか、変な胸騒ぎがする。本屋に行くと、彼女の姿はなかった。

レジで店長に聞いた。

「今夜は高野さん、いないね」

「高野は退職しました」

「なんで？」

「理由は言えません」

俺は、あふれてくる涙をこらえた。車の中で大声で泣いた。運転中も涙で見えない。

何度も近辺を探したが、あの赤い自転車は見つからなかった。

「あなたの邪魔にならないように」

この言葉の意味を理解するまで、時間がかかった。ただ、理由を知りたかった。

ありがとう、優子。

女体開花までの道のり

岐阜県・主婦・五十五歳・女性

「子供のころ、机の角にあそこを当ててオナニーしんかった？」

そう聞いたのは同じマンションに住む七つ年上のママ友、真由美《まゆみ》だ。私は美穂《みほ》。

三十歳をすぎたあたり、子供ふたりと彼女の子は同じ幼稚園に通い、私たちは毎日顔を合わせていた。

真由美は美人ではないし、おしゃれにも無関心だったが、女体開花しているのだろう、女っぽい雰囲気を漂わせていた。

ときどき性生活について話した。真由美の旦那さんは五つほど年上。ふたりともおしゃべりで、夫婦仲はよさそうだ。

夜もうまくいっているのだろう。彼女は上に乗るのが好きで、旦那さんのおなかにまたがり、胸を揉《も》まれながらイクのが好きだと言っていた。

私はというと、旦那にちょっかい出されないうちに急いで寝たふりをする毎日。イクどころか、旦那と交わることがいやでたまらない。

そんな私にとって、真由美の話は未知の世界が多かった。そして真由美の経験は、いやらしい印象を受けた。

真由美の言う、机の角にあそこをつけるという唐突な話は理解できなかったが、ものすごく興味があった。

「どういう格好？」

「あのね、机の角にお股を乗せて、あそこが当たるようにして乗るの。やったことない？」

あるわけないが、その格好を想像したとき、ふと思い出した。

小学校四年のころだった。給食が終わった昼休み、外で遊ぶ子がいっせいにいなくなった教室は、読書をする子が数人になる静かな時間だ。私も本を読んでいた。

ふとまわりを見ると、洋子《ようこ》ちゃんが漫画を読んでいた。洋子ちゃんは席に着くでもない、立っているわけでもない。机の角を軸にして体を一直線に伸ばし、やじろべえのような格好をしていた。

変わった格好だなと思っていたが、真由美のいうオナニーのスタイルか。まさかあの頭のいい洋子ちゃんがそんなことをしていたなんて。でも、たしかに真由美の説明と同じ格好だった。

真由美も小学校のころにしていたと言うのだから、そういう人がいてもおかしくはない。

ちょっとビックリだった。子供の性はごく普通に身近にあったのだ。それから私は、子供のころのことをいろいろ思い出してみた。

小学校六年になると、男の子たちはみんなで大騒ぎして漫画をまわし読みしていた。なんの話に盛りあがっているのか、聞いても教えてくれない。

あるとき隣の席の男の子に、こっそり漫画を貸してもらった。

「絶対、秘密やぞ」

それは『俺の空』という本で、普通のコミックだった。途中まで読むと、そこからは男女の交わりがこと細かく描かれている。ああ、これか、男子がワイワイ言って盛りあがっていたのは。

セックスについて保健体育で習ったこと以外、はじめて知ったときだった。まだ話の内容はほとんど理解できなかったが、なんとなくおぼろげながらに知った気がした。

中学に入ると、彼とのデートの話や初体験が早い子の話なども耳に入ってくるようになった。

私は彼もいないし、初体験もとうぜんなかったが、友達から相談されることはよくあった。

ある日、由香《ゆか》りんという友達の家に遊びに行くと、由香りんは急に、

「私、陥没おっぱいみたいなんやけど、見てくれん？」

と言った。

陥没おっぱいとはなんのことだ？

私は興味も半分あり、由香りんのおっぱいを見せてもらうことにした。

トレーナーをブラごとまくりあげ、ボロンと飛び出した由香りんのおっぱいは、私のよりはるかに大きく、メロンのようだった。

その頂点にある乳首は、乳輪と一体化して、ヘソのくぼみのように小さな穴になっていた。

へえ、これが陥没乳首のおっぱいなんだ。

それがどうして困るのかは、のちに出産の本を読んだときに知った。

でもこのときは、おっぱいもいろいろあるんだと、あらためて思った程度だった。

由香りんはおっぱいをだらんと解放したままこう言った。

「あそこの形もいろいろらしいけど、見せっこしてみん?」

ええっ、私は無理。恥ずかしくて死んでしまう。

でも早熟なふりをしたい年頃だったので、動揺を見せずにサラリと断った。すると由香りんは、

「じゃあ、私のどうなっとるか見て?」

と言うので、ドキドキしながらも、平気なふりをしてオーケーした。

由香りんは私の正面で両足をM字にひろげ、スカートをまくった中にあるパンツを、ひょいっとお尻を上げて脱ぎ、スッポンポンを私に出した。そして両手で股をひろげて、私に見せた。

ギョッ。

こんなものを女はみんな身につけているのか。

私は衝撃だった。私の大事なところもこんなふうなのか。どんなふうって、まずは茂みの中にある肌はドス黒い。ビラビラしたものはとくに黒く、黒光りしてうねっている。

あとから思えば由香りんのそこは、まあまあ大きめで、ビラビラが肉厚だった気がする。

「普通じゃない？」

私は知ったようなふりで淡々と答えた。

由香りんは安心してパンツをはいたが、彼女はもしかしたら露出狂か、それともあそこを触りなれていたのかもしれない。

衝撃的な映像は、いまも私の記憶に残っている。

夕飯の時間になったので、バイバイした。由香りんの家を出て、自転車に乗って帰る途中のことだった。

「すみません」

うしろから声がしたので自転車を止めてふり返ると、学生服のまじめそうな高校生だった。そのあと会話をしたかどうかは覚えていない。

暗闇に黒い制服を着たその男は、股間から肌色ともピンク色ともいえない大きな棒を出していたように見えた。

私は一瞬で、なにかを察知した。声も出せずに自転車にまたがり、できる限りの猛スピードで明るい道までこいだ。

少しまわり道をして家に着いてから、ゆっくりさっきのことを思い出していた。

あれはズボンからアレを出していたのではないか。しかも、すごく大きくて立ちあがっていた。大きく見えただけなのかもしれないし、ただの妄想かもしれないが、私には巨大なものに映った。

それから数日、私はその男根らしきもののことを考えていた。小さいころお風呂で、父と弟のものは見たことがあるけど、まったく風貌が違う。

しかも、大人はみんなボウボウだと思っていたあそこは、毛が生えていなくてピンクに光り、ツヤツヤしていた。

そういうものなのか。そうでなければ、女の中に入れられないか。それにしても大きかった。

あれは本物か、なんだったのか。

中学三年生、私たちが受験で勉強に明け暮れているはずのとき。しかし、なぜか教室は毎日キャアキャア楽しいことを見つけては話しほうけていた。

ある日の休み時間、早熟な真紀《まき》がタンポンを持ってトイレに行くところだった。みんなに見せびらかすようにタンポンを出し、あんたたちは知らないよね、というようなことを言ったと思う。

誰かが、タンポン使ってみたいと言った。すると、

「じゃあ、みんなにひとつずつあげるから、いまからタンポン体験しなよ」

と、真紀は私たち三人にタンポンをくれた。

はじめて見るタンポン。

へえ、こんな小指大の硬い筒をどうするというのだ。

私は生理が来て一年ほどで、タンポンはどういう人が使うのかも知らなかった。

真紀のタンポン講座がはじまった。

「ええと、まずこのタンポンの包みを開けて中身を出します。そしたら紐《ひも》を下に伸ばして指でかるく持っておきます。次にあそこの穴にゆっくり入れて、入口まで入ったらあとは指でグイッと奥まで入れます。いいですか。指の根元まで入れるぐらいじゃ

ないとダメですよ」

真紀の説明を真剣に聞いた三人は、机でシミュレーションした。

「よし。じゃあ、みんなトイレで実践するよ」

と、真紀はみんなを誘導した。私たちはタンポンを持ってトイレの個室にひとりずつ入った。恐るおそるタンポンを入れてみるが、まったく入らない。ほんの少しも入らない。

外ではみんなの声がする。

真紀のアドバイスどおりできた友達をよそに、私は焦っていた。

痛いのを我慢して、なんとか入口までは入れた。でも、もう無理。指を入れて挿入するまでいけずに、リタイアした。

しかし途中まで入っているこの爆弾のようなものを、紐を引っぱって出すのがまた苦難だった。泣く思いでタンポンをはずし、外へ出た。

「私、できんかった」

そのときはとても情けなかったが、あとからよくよく考えたら、生理でもないときになんの湿り気もないものを入れるなんて……。私はとんでもなくばかだった。

私は高校生になった。友達は次々と初体験を済ませていた。

私の親友、雅子《まさこ》まで、そのときが来た。

雅子は両親が二十歳のときの子だそうで、当時まだ三十代だった両親の夜の営みを盗み見たという。

雅子は私にこう言った。

「お母さんがお父さんに舐《な》められて、アンアン言っとった。私は襖《ふすま》の隙間から最後まで聞いたわ。うちは小さな借家だから個別の部屋もなくて、そんなところで、そんなことするなんていやらしくない？　次の日、ゴミ箱にコンドームとティッシュを見つけて気持ち悪くて、あれから親が汚らしく思えて口が聞けん」

それなのに自分も男に身を委ねた。私は知らなかったが、中学のころにつき合っていた彼と途中までは経験していたのだとか。今回の彼で、おっぱいを吸われるのが三人目だと言った。

中学生の彼は会うたびに、雅子のおっぱいを揉んだり乳首を吸ったりして一時間も二時間もまぐわっていたという。よくそこで止まっていたものだ。

私は前に雅子といっしょにお風呂に入ったことがあったので、ちょっと思い出してみた。

雅子のおっぱいはツンととんがっていて乳輪が大きく、乳首はお母さんのもののように飛び出ていた。あそこを三人の男が舐めていたのか。

「で、初体験はどうやった？」

私はごくりと唾を飲みこみ、雅子に聞いた。

雅子は言った。

「男の人は中に入ったらじっとしているわけじゃなくて、腰をふってゴシゴシ動くんやよ」

へえ、そうなんだ。私はまたしてもリアルに想像をかきたてられることになった。

ある日曜日、私は中学の同級生、直美《なおみ》の家に遊びに行った。彼女は高校ではなく、服飾専門学校に行っていて、同じ年でも外見は違う。

濃いお化粧に、ウエーブのかかった髪、そしてなかなか派手な洋服。とうぜん専門学校では大人の友達ばかりに囲まれている。私は直美に大人の世界の話を聞くのが好きだった。

その日、直美はこう言った。

「私、ディスコへ行ってきた」

「え、いいなあ。私も行ってみたい……楽しかった？」

「うん。ディスコは楽しかったんやけど……」

そのあとの話はこうだった。

直美は十九歳の男にナンパされてディスコを出た。そしてそのままホテルに連れて行かれ、処女喪失した。続けてお尻にも挿入され、まだ痛いのだと言う。

私はビックリした。

お尻にも入れるの？

あまりの衝撃に、そこのところを突っこんで聞けなかった。想像もつかない世界の話だと思った。

そして直美に派手な服を着せてもらって、ファッションショーをして帰った。

家に帰るまでの間も、お尻に入れられて痛かったという直美のことを想像するのをやめられなかった。

私はいつの間にか耳年増になっていった。

私は、いつそんな体験をするのだろう。

この前、中学のときに仲よしだった二個上の先輩が、つき合いたいと言って抱きしめてきたが、怖くなった私はふり払って逃げてしまった。

同級生の男の子も、俺なんか相手にしてくれないよな、とか言って、あそこを触らせてくれる明美《あけみ》とつき合った。

私は、そろそろ怖がりを脱出しなくては……。

ある日、友達の友達という縁で知り合いになったみきが、自分の彼と彼の仲間で遊ぶからおいでよと誘ってくれた。みきの部屋には彼氏とその友達ふたりが来ていた。

みきはちょっとワルで、高校も違うが、熱いハートのいい女だ。彼はもう長くつき合っているらしく、なんとなく夫婦のようにも見える。

「はじめまして」

私はその男の子たちに挨拶した。

「美穂だよ。めっちゃ美人やろお」

みきが紹介してくれた。もう名前も忘れてしまったが、その男の子たちもみんないい子だった。べちゃくちゃしゃべっていると、ドアが開いてまた誰か入ってきた。もうひとりの男の友達だとか。

その子は真也《しんや》といって、少し大人びたタイプのきれいな顔だちの子だった。挨拶もそこそこにジロジロと私を見て、こたつの向かいに座った。座っている子がいるのに、押しのけて。

真也は穴が開くほど私を見た。そして、みんなの前でこう言った。

「俺、この子とつき合いたい」

ビックリだった。

こんな唐突に遠慮もなくズカズカと近寄って、なに？

私はいままで、恐るおそる告白してきた男の子を断ってきた。なんとなくときめかなかったから。でもいま、目の前にいるこの男は、なんの恐れもなく堂々と私をつかまえに来た。ちょっとキュンとなった。

美しい顔だちの、その男の告白に、私はついつい、うんとうなずいてしまった。

真也に送ってもらうことになり、ふたりで駅まで歩いた。

「美穂とつき合うんやから、両親に挨拶に行くよ」

そんなことを言うので、私は笑ってしまった。翌日、夕飯を食べようとしていたころ、真也が家にやってきた。

嘘《うそ》でしょ。

私は気が動転したが、来てしまったものは仕方ない。両親に真也を紹介した。

すると真也はまじめな顔で、しっかり父の顔を見て、

「美穂さんと真剣におつき合いさせてもらおうと思っています。ゆくゆくは結婚したいというつもりでいます」

おいおい、私はそんなこと考えてもいないわよ。ていうか、昨日会ったばかりじゃない。

父は少しも表情を変えずにこう言った。

「わかった。美穂とつき合いたいなら、その髪形をなんとかしてこい」

「わかりました。明日、来ます」

ええっ。

真也は少し茶色の毛にウエーブをつけていた。色白の彼には似合っていたのだが、この男どうしの会話は、私には理解できなかった。

なんとも不思議な男、真也は、挨拶が終わると、私に手紙を渡して帰っていった。

父は厳格で過保護だったため、とつぜんの彼にかなり驚いたと思う。でも日頃、私

にかかってきた男からの電話を、

「美穂はいま、風邪で寝ています」

と、嘘をついて切ってしまうほどの人が、ひとことも文句を言わなかった。

私はなんとも複雑な気持ちで食事を終えて、ひとりになって真也からの手紙を開けた。驚いたことに、ペン字を習っているのかと思わせるほどの達筆で、びっしりつづられていた。

——美穂、俺は、はじめて美穂を見たとき、心がビリビリしたよ。こんな気持ちになったのは、はじめてだ。だから、どうしてもつきあいたいと思った。強引でゴメンね。でも必ず幸せにするから、俺とつき合ってほしい。

たしか、こんなようなことを書いてあったと思う。

こんな強烈なラブレターをもらったのははじめてで、いまでもだいたい覚えている。

私はこの強引な男気を見せてきた真也に、心を取られた。

翌日、学校から帰ってしばらくすると、また真也がやってきた。

あれ、髪が黒の短髪……。

家に上がると、

「お父さん、約束のとおりにしてきました。これでいいですか?」

父は黙って首を縦におろした。

私と真也は、日曜日になるとデートした。

真也の自転車にまたがり、ふたり乗りでいろんなところに出かけた。友達たちと合流すると、真也はいつも私の肩に手を乗せ、俺の彼女と紹介した。

クリスマスも近づいたころ、ふたりきりの公園で、真也が私を抱きしめて、キスをした。やわらかい唇に驚いた。

キスって、フワフワなんだ。

そして真也は、私のすべてが欲しいと言った。

いよいよ、私にもそのときが来るのか。

クリスマスイブ、みきたちカップルと私たちは遊んでいた。

四人で話していると、みきは彼とのセックスについて話しはじめた。

「この前さあ、生理だっていうのにこの子がしたいって聞かんから、黒いゴミ袋を敷いてグニュグニュ動きながらしたんだわ。私たち、一日何回するんだってぐらい、したがるんだわ」

真也は爆笑した。私も平気なふりをして笑った。

するとみきが、

「すごくきれいなラブホテルができたから、行ってみようよ」

と言った。

ちょっと待って。

と思ったが、遅かった。真也も盛りあがって、もう出発になってしまった。

私は断る理由がなかった。

自転車のふたり乗りが二台、ラブホテル街へと向かった。私はもう心臓が止まりそうだ。

ところが、到着したラブホテルは満室だった。

残念がる三人は、もうホテルモードに入っていて引き返せない。隣のホテルへと向かったが、ここも満室だった。

そして、気がついた。今日はクリスマスイブの休日だから、どこもいっぱいなのだ。

急に焦った三人は、次々とホテルを探した。もうダメかと思ったとき、古ぼけたホテルが一室だけ空いていた。

「ここに四人で入ろう」

誰かが言った。

いやだ、いやだ、と私は思ったが、それではどちらかが部屋にたどり着けないのだ。

どうにも断れず、言われるがままに四人で部屋に入った。

部屋は和室で、入ったところにちゃぶ台の部屋、その奥にベッドの部屋、そしてお風呂があった。

はじめてのラブホテル。私はぐるぐるまわって探索した。

するとみきが、

「私たちはこの部屋におるから、ベッド使って。そのかわり布団は貸してね」

そう言うと、ベッドから布団をはがして持っていく。みきたちは先にお風呂に入って、ちゃぶ台の部屋に行った。

真也は私をお風呂に誘った。でも私は恥ずかしくて、あとで入るからと断った。

ひとりで湯船に浸《つ》かりながら、もうすぐはじまる体験のことを考えていた。

ベッドに行くと、真也は私にキスをした。浴衣の私を裸にして、順番にキスをした。

そして、あそこにもキスをした。

快感と恥ずかしさで、気絶しそうだった。

そして、真也の硬いものが私の中に入ってきた。

たぶんあの自転車のときに見た、ピンクの大きな棒なんだろうな。

痛い、痛い。

少し慣れてきた。

愛し合うって、こういうことなんだ。

そう思いながら身をまかせていると、なんだか声がする。

横を見ると、襖を少し開けたみきと彼がのぞいているではないか。

「おい、やめろ」

と、真也が言ってもふたりはやめなかった。私が処女だから、見守りたかったんだと。

こうして私は、ふたりに見られながら、初体験を終えたのだった。

初体験だったが、出血はしなかった。そういえば、タンポン体験したときに少し出血していた。あれが処女膜だったのかも。

そのあと、進路の違いもあって真也と別れ、みきたちとも会わなくなった。

私はそれから何人かとつき合って結婚した。

でも、真由美のような女体開花は起きなかった。五十をすぎるまでは。

現在、私は女体開花をしてくれた彼と、週に三回、ホテルに通っている。

真由美が言っていたように、旦那のおなかに乗り、胸を揉まれながらイクのが好きだ。

生理が終わるまでは、生理中もおかまいなくした。

タンポン体験や処女喪失のとき、あんなに痛かったはずの壺《つぼ》も、いまは彼の大きなモノをするりと受け入れる。

そしてたぶん、もうすぐ彼はアヌスのよさを私に教えてくれると思う。

私にいろいろな疑似体験をさせてくれた友達の性に感謝。いまは彼が本物の体験をさせてくれる。

遅ればせながらではあるが、私は死ぬまで女体開花を続けたい。

愛の手ほどき

秋田県・主婦・五十八歳・女性

いまから二十年前、三十代のころの話です。

そのころインターネットをはじめた私は、好きな芸能人や作家のサイトを閲覧。やがてその人たちのファンが集まるサイトの存在を知り、そこの掲示板でいろんな人と交流する楽しみをおぼえました。

そこでは、田舎の生活ではなかなか出会えない同じ趣味の人たちと、楽しくおしゃべりをすることができました。ちょうど子育てが一段落した私にとっては貴重な憩いの場だったのです。

仲のいい人も何人かでき、なかでもある作家さんのファンサイトで出会った、当時高校生の健人《けんと》とは気の合う友人になっていました。

そして個人的にメールやチャットでやりとりをするようになったのですが、仲がよくなってくるにつれ、ちょっと生意気なへらず口をたたくようになってきました。

でも格好をつけていても、しょせんは子供。脇の甘さを突いたり適当にあしらっているうちに、なぜかますますなつかれるようになったのです。

そんな交流がしばらく続いたころ、東京でファン仲間とのオフ会が開かれることになり、ちょうど連休中だったので、上京してみなさんや健人に会うことになりました。

そこではじめて会う健人は、切れ長一重のあっさり系で、まあまあのイケメン。細身だけど、筋肉質で身のこなしも軽く、黙っていると精悍《せいかん》な感じでした。

打ち解けてきてから見せる笑顔が、まだ無邪気でやんちゃ小僧のようにかわいくて、そのギャップがなかなかに好もしい印象の男の子でした。

健人も私に会うなり、

「へえ、麗《れい》さんって年のわりにきれいじゃん」

とか、

「俺、麗さんにならら、童貞奉げてもいいかなあ」

などと実際にも生意気な口をたたくので、思わず、

「ばかなこと、言ってんじゃないの」

と、健人の背中をたたいたり、じゃれ合ったりしてオフ会は大いに盛りあがり、とても楽しい時間を過ごすことができたのです。

それから帰宅して数日後、健人から個人チャットで思わぬ相談を受けました。

オフ会のときに出会った愛《あい》ちゃんという健人と同じ年のかわいい女の子のことが、好きになったそうなのです。

そして私にどうすれば女の子に好かれるか、どんなアプローチをすればふり向いてもらえるか、といったことを相談してくるのでした。

私に童貞を奉げたいとか言っていたくせにと内心思いつつも、いちおう表面上は、

「いまは受験生なんだから、我慢しなさいよ」

といさめてはみました。しかし、

「俺、こんなに誰かを好きになったのなんてはじめてだし、どうしていいかわからないんだよ」

と、泣き言をくり返す健人の相手をしているうちに、だんだんかわいそうに思えてきてしまったのです。

健人は、私が送った助言や励ましのかいもあり、好きになった愛ちゃんとおつき合いすることができた、と知らせてきたので、ひと安心いたしました。

でも、それから三カ月もしないうちに、愛ちゃんにフラレてしまったとの悲しい報告をしてきたのです。

しかも、そのショックのためか、大学受験もことごとく失敗してしまい、ついに健人は浪人生活を送ることが決まったとも知らせてきました。

それからは連絡もなかったのですが、半年ほどたったある日のこと、久々に健人からメールが届きました。

健人は失恋の痛手からやっと立ちなおり、まじめに予備校へ通う日々を送っている状況を報告したうえで、やはり恋がうまくいかなかった原因を知りたかったのか、そのあとも何度も私にいろんな質問をしてきました。

質問は次第に肉体的なこと、ずばりセックスのあれこれについての相談が増えはじめたので、愛ちゃんとの破局はセックスが原因かと聞いてみると、案の定でした。

健人がよかれと思ってやっていたのは、ほぼぜんぶがAVの受け売りだったことが判明し、

「そりゃ、バックのときにお尻をたたいたら、フラレるに決まってるでしょう」

などとひとつひとつ検証しながら教えると、さすがにしょげていました。

そのうちに、

「麗さん、頼むから、俺にちゃんとしたセックスを教えてください。俺、このまんまじゃ、次に彼女ができても正しいセックスなんてできる自信ない。大人の麗さんに女の子が本当にしてほしいセックスを教わりたいから、どうかお願いします」

と懇願されたのです。

さすがに私もまともに相手にはしていませんでしたが、何回もお願いされるうちに根負けしてしまい、では大学に合格したらお祝いに教えてあげるね、と約束しました。

なんとそうしたら、本当に数カ月後に本命の大学に合格したとの報告が来ました。

これには私もびっくりしてしまい、

「合格おめでとう。でも、本当に私みたいなおばさんが相手でもいいの？　私、あなたより二十歳も年上なんだよ？」

と聞くと、

「なに言ってんの。俺は麗さんとセックスできるのが楽しみでがんばったんだぜ。本当は去年会ったときから麗さんに憧れてたけど、俺みたいなガキには手が届かないと思って諦めていたんだ。いまやっと進路も決まって落ちついたし、今度こそ後悔しないようにしたいから……麗さん、どうか俺とセックスしてください」

とまで言うのです。ここまで頼まれたら悪い気はせず、女の血みたいなものが体の奥から燃えあがる衝動をおぼえました。

実際そのころは、旦那とも夫婦生活は疎遠ぎみだったことも拍車をかけ、私は上京して健人と会う約束をしてしまいました。

二カ月後、私の好きなバンドの公演を見に行く口実で上京し、チケットも二枚取って健人と公演先の会場で再会を果たしました。一年と数カ月ぶりに会う健人は少し痩せて、前より大人っぽい雰囲気になってました。

「麗さん、久しぶり」

いきなり抱きついてきた健人に、年がいもなくキュンとしてしまい、コンサート中も音楽より健人の存在にドキドキ。

終演後に向かったのは、ビストロふうのおしゃれな飲食店。こんなすてきなお店を健人は、まだ口コミサイトもない時代にガイドブックや友人からの情報で一生懸命探したそうです。

「だって、麗さんに喜んでもらいたかったから……気に入ってくれたかな？」

「ありがとうね。とてもうれしいわ。お料理もすごくおいしいし、雰囲気も最高ね」

「よかった。ファミレスとかじゃ、失礼に当たると思って……麗さんにはたくさん相談に乗ってもらって、本当にお世話になったから……」

そんな気遣いまでしてくれる健人が、たまらなくいとおしく思えました。しかも、バイトしているからといって、そこの支払いももってくれて……。

「ありがとうね。本当にもう一人前の男になったのね」

酔いに任せて健人の腕に抱きつくと、健人は一瞬体を硬直させ、顔を真っ赤にしながら、

「麗さん……胸、肘に当たってるし……」

焦りながらつぶやく姿が最高にかわいくて、さらに胸をぎゅっと押しつけて、

「ふふっ」

と笑いながら、健人を上目遣いで見あげました。すると健人は意を決したように私の耳もとに顔を近づけ、

「ねえ、これからホテルに行ってもいいよね？」

「いいわよ」

と、小声で告げると、健人は急に早足になり、夕暮れの街をずんずんと進んでいって、一軒のラブホテルに入りました。

個室に入ると私たちは抱き合い、激しいキスを延々と交わしたのです。密着していた健人の股間は、ハッキリとわかるほど硬く大きくなって、私の股間に服の上からグイグイと押しあててきます。

その感触は思っていたよりも立派で、私は思わず自分の中心部も潤ってきてしまうのを舌をからませ合いながら感じていたのです。

「ねえ、たまんないよ。早く麗さんを抱きたい」

「わかったわ。でも、まず体を洗ってから……先に入っていいかしら。きれいな体であなたを迎えたいの」

と制してからバスルームに向かい、シャワーで全身を洗ったのち、バスタオルを巻いて出てくると、

「やべえ。麗さん、すごく色っぽい」

健人がキスをしてきたので、

「だめよ。続きはシャワーを浴びてから」

となだめて、バスルームへ送り出しました。そして健人がバスタオルを腰に巻いた姿で戻ってくると、

「麗さん、ほら見て」

健人はそう言ってバスタオルを目の前ではずしたのでしたが、そこには想像以上に大きく、立派にそびえ立ったペニスがあったのです。

それは二十センチ近くもあって、太さも五百円硬貨くらい。以前に健人がチャットで自慢していたとおりの見事な巨根でした。その大きさに目をまるくしながらも、

「ああ、この大きさじゃ、若い女の子にはかえって痛くて不評だろうなあ」

と思いつつ、健人を抱きよせてその前にひざまずきました。そして巨根をパクッと咥《くわ》えて、舌をはわせました。健人は、

「あっ……麗さん、いきなりそんな……」

と言いながら焦っていましたが、だんだんと気持ちよくなってきたのか、

「ああ、はあ、すごい。こんなのはじめてだよ」

息を荒らげて、身をよじってました。いまどきの男の子はあえぎ声も漏らすのね、と思いつつ舌をはわせ、なるべく喉の奥まで入れるようにフェラチオしていました。でも、あまりの大きさに、さすがに顎が疲れて顔を離したら、健人はすかさず激しいキスを返してきたのです。

胸もとまで舌をはわせながら下りてくると、両手で私の乳房をわしづかみにして乳首にむしゃぶりつき、赤ちゃんのようにチュバチュバと吸いはじめました。

「はうっ」

あえいで、のけぞると、

「麗さん、敏感なんだね」

「健人……気持ちいいけど、もう少し優しく吸ってくれない？　敏感だから感じすぎて、あまり強く吸われると痛いの」

「わかった」

健人は吸う力を弱め、今度は舌先で乳首を舐《な》めまわしました。

「ああ……そう。とても気持ちいいわ」

「喜んでくれてうれしいよ」

ひととおり堪能《たんのう》したあと、健人は太ももをぐいっと大きく押しひろげ、足の間に頭を埋《うず》めて秘部をまじまじと眺めます。

「わあ……女の人のアソコってこんなふうになっているんだ。へぇぇ、ヒダヒダがたくさんあるこのピンクのぷっくりしたところは、クリトリスでしょ。あ、ここがマ×コの入口だね。濡れて光っているよ。すごいなあ」

まるで、はじめて見たかのように感心しているのです。

「もう、前の彼女に見せてもらったことあるんじゃないの?」

「だめだめ、前の子は恥ずかしがって、あまり見せてくれなかった。部屋もかなり暗くしないと怒るんだもの。こんなにじっくり見たのは、はじめてだよ」

と言いながら、膣の入口に指を入れてきます。

「ね、このザラザラしたところがGスポットなんでしょ?」

「あ、だめ……そんないきなり強く指を入れたら痛いし、オシッコが漏れちゃうわ」

と言うと、健人はあわてて指を抜いて、

「わあ、ごめんね、ごめんね」

たぶん、こういう行為も、AVからの中途半端な受け売りだったのでしょう。本当

に困ったものですが、そのままにしておくわけにもいかないので、

「お願いだから指を入れるのは、もっと濡れてからにしてね。そうすれば、すごく気持ちよくなれるから」

「わかった」

健人は秘部に顔を埋め、べろべろと飢えた犬のように舐めはじめました。

「ああん……そうよ。すごく、気持ちいい」

私がのけぞると、健人はなおもクリトリスを舐めしゃぶり、膣口からあふれ出てくる愛液をジュルジュルとすすりました。

「はうん、ああ……だめよ。そんなに舐めたら、アソコが溶けちゃうわ……」

健人は顔を上げると、今度は指を膣の中に恐るおそる挿入してきました。そしてまたGスポットを探りあてると、指の動きを徐々に速め出したので、

「あ、違うの。そこは擦《こす》らないで、指を上に向けてボタンを連打するように押して」

と教えると、健人は私の言うとおりに動きを変えました。

「あっ……あっ……ああん……そうよ、健人……その動き、すごくいい……感じちゃう、感じちゃうのぉ……ああん」

感じまくって身をよじると、

「すげえ。女の人って感じると、こんなに乱れちゃうんだ。アソコもどんどんグチョグチョになってくるし、俺もう我慢できないよ」

「私ももう我慢できない。お願い、来てぇ」

健人のカチカチになったペニスを握りました。健人はすかさず私の上に覆いかぶさると、一気に挿入して激しく腰を打ちつけます。

「ああっ、すごぉい……ああん」

健人の大きなペニスに突かれるたびに、脳天まで電気が走ったみたいにしびれてきました。私は自分が年上であることも忘れて健人に抱きつき、ひたすらその快感を堪能することに没頭しました。

健人はとても敏感な子で、私の息が体にかかっただけで感じてしまって、

「あん、あん」

と、女の子のようにかわいい声をあげるのです。ふたりであえぎ声をあげっぱなしで、汗が噴き出してくるほど、激しく貪り合いました。

そしてやっと健人が限界を迎えたので、私がその大量のほとばしりを口で受け止め、

一ラウンド目は無事に終了しました。

でも、そのまま口の中で健人のペニスを弄んでいたら、五分もしないうちに復活してきました。そのまま舌をはわせ、亀頭から根元、袋に至るまでねぶっていると、

「ああ。だめだよ、麗さん。俺、またすぐにイッちゃうから」

悲鳴のような声をあげるのです。体を少しずつずらし、コンドームを取ろうとしたら、健人に抱きかかえられ、シックスナインの体勢になって、激しく舐められました。

「あはん。だめよ、健人。そんなにされたら、気持ちよすぎて……ゴム、ちゃんとつけられないじゃないの」

「だって、麗さんが俺のこと攻めるんだもん。お返しだよ」

「むぐぅ、らめらってばぁ」

健人の大きなペニスで口を塞がれたまま、あえいでしまいます。いいように年下に翻弄されるのが悔しくて、フェラをしながらゴムを装着しました。

あおむけに寝ている健人の上にまたがって、天井を仰いでいるペニスに、クチュクチュと音を立てながら、ゆっくりと腰を沈めていきました。

「あ、麗さん……ああ、だめだよ。すごすぎる」

「悪い子にはお仕置きよ」

私は腰を動かしながら、ときおり膣に力を入れて、ペニスをキュッと締めあげたのです。

「うくっ……麗さん、俺、またイッちゃうよ」

健人が情けない声をあげるのがなんともかわいくて、ますます腰の動きを速めました。

「よくもやってくれたな。お返しだ」

健人はそう言うと、私の両の乳房をわしづかみにし、上半身を起こして乳首を交互に激しく吸い、しゃぶりました。

「ひあぁ……そんなにしちゃ、いやぁ」

「なんだよ、感じまくってるじゃん。じゃあ、狂わせてあげるよ」

健人は私を抱きながら体勢を変え、正常位でパンパンと大きな音を立てて突きつづけました。

「ああん……だめよぉ。私、壊れちゃうよぉ」

「本当か。なら、俺が壊してやるよ。ほら」

激しく腰を打ちつけるので、私はなんだか健人に犯されているような錯覚に陥りました。だんだんと体の奥が熱くなって、ついに、

「ああ、だめ。もう、イクぅ」

と叫び、達してしまいました。そのすぐあとに健人も射精して果てましたが、私がずっとぐったりしているので、心配そうに顔をのぞきこみ、

「どうしたの。大丈夫?」

「大丈夫。イッちゃっただけだし」

と告げると、健人はほっとした顔で私のことを強く抱きしめてくれました。

どうやら女性がイッたのを見るのははじめてだったようで、やっぱりまだかわいいのね、と髪の毛を優しくなでました。

そのあと、健人は射精してはすぐ復活。私がおぼえているだけでも五、六回はイカされてしまい、坊やにすっかり翻弄されてしまいました。

何回かの行為のあと、さすがに汗まみれ、愛液まみれになった私たちは、いったん休憩して、バスルームでお互いの体を洗い合いました。

そして湯舟にふたりでつかり、とりとめのない話をしていましたが、ふと健人が、

「そういえば俺、麗さんの下着姿を見てない」

と言い出したので、

「えっ。私の裸をさんざん見たんだから、もういいじゃない？」

と言っても、

「なに言ってんの。女の下着を脱がすのは男の夢だぜ」

おかしなことを言い出すので、私は笑いをこらえながら、

「じゃあ、お風呂から上がったら、つけてみてあげるね」

実をいうと、こんな日もあるのではという予感めいたものがありました。

そして新調しておいた黒いレース地に、真っ赤なバラが刺繍《ししゅう》されたブラジャーとパンティーとガーターベルトに黒いストッキングという姿になりました。ガーターベルトに黒いストッキングというエロい下着姿を披露すると、

「すげえ、すげえ……」

健人はそう言いながら、しばらく目をまるくして、眺めていました。

すると、とつぜん鼻から血がこぼれ出したのです。あわてた私が、

「えっ。ちょっと大丈夫？」

ティッシュで鼻血を拭いてあげると、健人はそんな私の心配をよそに、いきなり抱きあげてベッドまで運び、そのまま覆いかぶさりました。

「ああ、もうたまんないよぉ」

荒々しくブラの肩ひもを下ろし、乳房をつかみ出すと、

「チュバ、ジュルッ」

と、大きな音を立てて乳首に吸いつきました。そして、パンティーの脇から指を入れて、膣口をクチュクチュといじりはじめたのです。

「はあん、健人ってば、本当に元気すぎる」

ため息まじりに告げると、

「だって、麗さんの体がエロすぎるんだもん。何回だって復活しちゃうぜ」

そう言って、まじまじと私の姿を眺めていました。

「やべえよ。全裸より、こっちのほうがずっと色っぽいじゃん」

ガーターとストッキングだけになった私の太ももに抱きつき、猫のように頬ずりしながら足の先のほうに……。

いきなりつま先を自分の口の中に入れて、ストッキングの上から私の足の指をペロ

ペロと舐めたのです。

「きゃあ……なにするのよ。やめてえ」

叫んでも聞こえないかのように、夢中で足指をしゃぶっています。

「ひあぁ、やめてよ……だめよ、ああ……」

いままでに感じたことのない奇妙な感触にとまどい、私は身をよじって逃れようとしますが、健人に足を抱えられて身動きが取れません。

そのうちにまた私の秘所から愛液があふれ出してきてしまって……それはあの奇妙な感触が快感へと変わっていった証《あかし》でした。

それを確認した健人は、また大きくなったペニスを私の中へ突き刺して、衰えを知らぬかのように、ふたたび激しく腰を動かします。

「ああん、あはん。健人、もうだめ。私、またイッちゃう」

「麗さん、好きだよ、大好きだよ」

「あぁあぁ」

と絶叫して、私は果ててしまいました。健人もすぐに離れて私の太ももに射精しながら、ストッキングにペニスを擦りつけて果てたのでした。

「今日はありがとうね。こんなおばさんを、こんなに愛してくれて……」

「なに言ってんの。お礼を言うのは、こっちのほうですよ。麗さん、本当にありがとう」

「今日のことはずっと忘れない。すてきな思い出として、大事にしまっておくね」

「もう、そんなこと言われたら、また欲しくなるじゃん」

あれから二十年……。

いろいろありましたが、あの日のトキメキを、いまでも宝物のように、ときおり思い出します。

サンスポ・性ノンフィクション大賞
体験手記募集

「性にまつわる生々しい体験をつづった未発表の手記」を募集します。

応募期間：五月～九月（若干の変更がある場合があります）

応募原稿：四〇〇字詰原稿用紙に換算して二十五枚相当。パソコン、ワープロ原稿の方は記録メディア（CDなど）などを同封してください。

必要事項：題名、氏名、住所、電話番号、年齢、職業を明記してください。秘密は厳守します。

応募先：〒100-8698（住所不用）第2312号
サンケイスポーツ文化報道部「性ノンフィクション大賞」係

選考委員：睦月影郎、蒼井凜花、松村由貴、サンケイスポーツ文化報道部長

賞金：金賞一〇〇万円、銀賞二〇万円、銅賞五万円、特別賞三万円、佳作二万円。また、入選手記はサンケイスポーツ紙上に掲載。

主催：サンケイスポーツ　電話03-3275-8948

◉本書は、第二十三回サンスポ・性ノンフィクション大賞に入選し、サンケイスポーツ紙に掲載された手記を収録しています。左記は掲載順。文庫化にあたり、一部を改題しています。

「肉欲のリフォーム」銀賞（二〇二二年七月四日〜十日）
「洲本海水浴場」佳作（二〇二二年七月十一日〜十七日）
「海辺のニンフ」佳作（二〇二二年八月一日〜七日）
「なーちゃんのパパ」佳作（二〇二二年八月九日〜十四日）
「盆と正月と祭りが…」佳作（二〇二二年八月二十二日〜二十八日）
「ラプソディー・イン・十三」特別賞（二〇二二年九月五日〜十一日）
「丸刈り、金髪、黒髪」桑原賞（二〇二二年九月二十六日〜十月二日）
「雲の上のベッド」銅賞（二〇二二年十月二十四日〜三十日）
「義姉への悪戯」睦月賞（二〇二二年十一月七日〜十三日）
「最高の無花果」佳作（二〇二二年十一月十五日〜二十日）
「女体開花までの道のり」佳作（二〇二二年十一月二十一日〜二十七日）
「愛のてほどき」佳作（二〇二二年十一月二十八日〜十二月四日）

● 新人作品 大募集 ●

マドンナメイト編集部では、意欲あふれる新人作品を常時募集しております。採用された作品は、本人通知の
うえ当文庫より出版されることになります。

【応募要項】未発表作品に限る。四〇〇字詰原稿用紙換算で三〇〇枚以上四〇〇枚以内。必ず梗概をお書
き添えのうえ、名前・住所・電話番号を明記してお送り下さい。なお、採否にかかわらず原稿
は返却いたしません。また、電話でのお問い合せはご遠慮下さい。

【送付先】〒一〇一-八四〇五 東京都千代田区神田三崎町二-一八-一一 マドンナ社編集部 新人作品募集係

二〇二三年十一月　十日　初版発行

私の性体験手記　姉への悪戯
わたしのせいたいけんしゅき　あねへのいたずら

編者 ● サンケイスポーツ文化報道部
さんけいすぽーつぶんかほうどうぶ

発行 ● マドンナ社

発売 ● 二見書房
東京都千代田区神田三崎町二-一八-一一
電話 〇三-三五一五-一三一一（代表）
郵便振替 〇〇一七〇-四-二六三九

印刷 ● 株式会社堀内印刷所　製本 ● 株式会社村上製本所　落丁・乱丁本はお取替えいたします。定価は、カバーに表示してあります。

ISBN978-4-576-23122-8 ● Printed in Japan ● ◎マドンナ社

マドンナメイトが楽しめる！　マドンナ社 電子出版（インターネット）……https://madonna.futami.co.jp/

Madonna Mate

オトナの文庫 マドンナメイト

電子書籍も配信中!!
詳しくはマドンナメイトHP
https://madonna.futami.co.jp

親友の姉 私の性体験手記
サンケイスポーツ文化報道部編／生々しくも珠玉の実体験…

青い性愛 私の性体験手記
サンケイスポーツ文化報道部編／淫猥かつ経験豊かな告白集

教え子の匂い 私の性体験手記
サンケイスポーツ文化報道部編／厳選された淫らな体験告白

年上の女 私の性体験投稿
夕刊フジ編／全国から寄せられた極上の性体験投稿

禁断の果実 私の性体験投稿
夕刊フジ編／熟年男女たちの赤裸々な性体験告白集

私の性体験投稿 濡れた横顔
夕刊フジ編／素人が赤裸々な性体験を投稿したナマの声！

私の性体験投稿 淫らな素顔
夕刊フジ編／素人男女の新聞連載されたナマの声！

素人告白スペシャル 熟女の絶頂個人レッスン
素人投稿編集部編／個人レッスンで淫欲が爆発した男と女……

素人告白スペシャル 真夏の絶頂不倫旅
素人投稿編集部編／夏の旅先で欲棒のままに情交を愉しむ男と女

禁断告白スペシャル 昭和・平成・令和 淫らな出逢い
素人投稿編集部編／テレクラからＳＮＳへ変われども……

素人告白スペシャル 年の差不倫——背徳の肉悦
素人投稿編集部編／年の差をものともせず快楽にハマった男女！

熟年白書 甦る性春
素人投稿編集部編／六十路を過ぎた熟年男女の甘美な性春！